U0053559

COSMIC
GARDEN
VISION INFINITY

The Portal to Cosmic Consciousness

地球時空歷險指南

給光的孩子——
活出超快樂人生的另類想法

A BEGINNER'S GUIDE
TO THE UNIVERSE
UNCOMMON IDEAS FOR LIVING
AN UNUSUALLY HAPPY LIFE

麥克・杜利（Mike Dooley）著

蕭寶森 譯

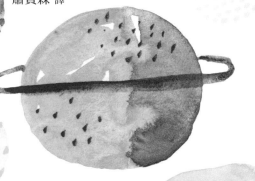

世上沒有什麼不可見的力量在阻擋你。
除了你對什麼是真理的迷惑外，
沒有任何事物可以影響你。

園丁的話

這是一本充滿愛和樂觀能量的書

書裡有為人父母對孩子的深愛

以及對宇宙超級無敵的信心

作者有趣地將很可能會是叨唸的期盼和教導

寫成發人深省的智慧短語

麥克‧杜利的作品在華人世界猶似待挖掘的璀璨寶石

無論你是否涉獵「新時代」思維

是否熟悉「新時代」的語彙

這本書都絕對會帶給你生活上的啓發和力量

目錄

給 蕾貝佳（Rebecca Solecito Dooley）
我的女兒

在這段漫長的地球探索之旅展開前，

你和你的好友們

都睜大了眼睛，滿心好奇：

誰會是第一個跳下去的？

誰會是那第一個遺忘的？

誰會最先嚐到初吻的滋味，並昭告姊妹淘們？

誰會是第一個跌倒的？誰會是第一個爬起來的？

誰又會最先憶起

這虛幻的塵世生活全都始自一個挑戰：

無論遇到任何狀況，都不要忘了去愛！

你心目中的我

親愛的蕾貝佳：

　　那天下午大約四、五點的時候，家裡的電話響了。那是我永遠不會忘記的一通電話。那天是週末，我坐在辦公室的書桌前，你的母親坐在我對面。電話是護士打來的。

　　她問：「你們想知道性別嗎？」

　　「什麼？」

　　「你太太懷孕了啊。」她耐心地解釋。「你們想知道胎兒的性別嗎？」

　　「想！我們想知道！」

　　她不帶情緒地說：「是女兒。」

　　那一剎那，彷彿是上帝在說話。

對五十二歲（快要五十三）才將要有第一個小孩的我而言，這通電話似乎比你母親那微微隆起的肚腹更真實。

一個女兒！

我雖然總是說我不在乎有沒有孩子，但有時也會想像如果有個女兒，那會是怎樣的感覺。當然，以我的年紀而言，好似沒有什麼機會了。

但你卻降臨了，不僅提早了六個星期，而且很幸運地沒有囊狀纖維化的問題（根據你母親和我的基因，你有百分之二十五的機會罹患這種罕見的遺傳疾病）。體重只有五磅半的你，讓我們這個原本的二口之家多了一個成員。你的母親和我都知道：從此我們的生活將會有各種難以想像的轉變，雖然我們身邊那些已經為人父母的朋友早已如此警告我們，但我怎麼也沒想到的是：直到今天，你的一舉一動仍讓我滿是驚奇。

我想起第一次抱起你時，你用好奇的眼神看著我。你那深邃的內在隱藏在你既微小又嬌弱的身軀

裡。從你的靈魂之窗看不出你曾去過哪裡、擬定了什麼計畫，或將會成為怎樣的人。你那細小的手腳和顫抖的聲音宛如天使。我簡直被你迷住了。但這不是因為你在幾乎不可能的情況下出生而且逃過了遺傳疾病的魔爪，而是因為你是生命最大奧祕的化身：生命究竟從何而來？生命、你、我們的家庭——這一切是怎麼發生的？

這些年過去了，你的五歲生日也快到了。看著你這個閃耀著神性火花的靈魂一步步展開人世的探索，我的心中充滿敬畏和驚訝。

我的敬畏並非因為你是「我的」孩子——你並不真正屬於我——而是你是宇宙的孩子。直到現在，我對你的母親與我啟動了一個我們無法了解的生物程序，讓你彷彿從天而降般地進入我們的生命的這件事，依然感到困惑。想想，這事也真荒謬，我們怎麼會被賦予照顧你、成為你的光、為你引路的責任呢？我們怎值得這樣的賞賜？又怎擔得起這樣的重責大任？事實上，我自己也還在黑暗中摸索，沒有太多餘光。然而，這事兒還真是瘋狂：置身黑暗中的父母帶

來光的孩子。我相信在這個一切都縝密運行的宇宙裡，這樣的關係安排必然有它的計畫與道理。因此，我會像所有父母所必須做的，努力扮演好我的角色，以免我能給予你的還不及你給我的。

自從你到來之後，我便毫無理由的深愛著你的一切。而讓我喜出望外的是：你也同樣愛著我。當同時有好幾個人都想要你的關注時，你會避開他們來親近我。當別人也伸出手想要抱你時，你卻往我這兒跑，也不管他們會不會傷心。說實在的，有時候我都覺得很不好意思！

不知道老天爺是不是搞錯了，居然讓我這個「不合時宜的聖徒」有這樣的榮幸可以在你身邊，彼此愛慕，一起歡笑，一起流淚。「爹地！爹地！爹地！」你一天總是會這樣叫我幾百次，急切地想與我分享你每一個觀察心得、點子或突如其來的念頭。我不在時，你會哭泣，你經常吵著要騎在我的肩膀上，吃飯時也總是想和我坐在一起。但有時，我會有點心痛，真希望我能成為你心目中的那個人。你是那麼完美，而我怎會是這麼完美的你的生命裡如此重要的人呢？

我正在不斷努力，希望自己能擔得起這般重要的地位，希望自己有一天真的能夠成為你心目中的那個我，永遠在你置身黑暗時成為你的光，在你絕望時給你希望，並盡我所能成為世上最好的父親。

　　在你母親懷孕期間，有個朋友告訴我，你出生的那天將是我的生命展開的時候。他說的果真沒錯。我有時甚至覺得在你出生之前，我在這世上的時間只是為了我們現在正在經驗，以及未來所將經歷的一切而預作的準備。

　　寫到這兒，我必須說，我雖然很期待能夠繼續愛你和引導你再好幾個十年，但我不至於那麼天真，以為我講的話你都會聽進去，以為給你的勸告都真的對你有用。事實上，我甚至不確定我可以活那麼久。然而，作為一個作家和演說家，我的著作讓我多少有些名氣，而且我的一些想法至少改善了自己的生活，因此，我希望能在我們這場人生演出結束前——或者，在我們發現老天爺真的搞錯了之前——告訴你一些事情。於是，我寫下了這本「地球時空歷險指南」，建議你如何以「萌芽中的大師」的身分來撼動這個神聖

的時空叢林，並提供一些不那麼尋常的點子，幫助你過著非比尋常的快樂生活。

我這麼做不是因為我是大師，而是因為過去這二十年來我的工作就是幫助人們有意識地生活與創造，因為生命有無限可能，就像我在《祕密》（*The Secret*）的影片和書裡的那句流行語：「思想成為實物」。我一直在教導：生命不是一場隨機的遊戲，也不是測試我們是否服從命運的考驗。我們生活在一個絕對完美的世界。這個世界因著愛才得以成就，我們可以活得非常之好。事實上，我經常告訴我的聽眾和讀者：人生並不公平，它是對我們有利，是為我們量身打造的。

這樣的說法可能聽起來有些荒誕，為了證明我的論點，你知道的，我的風格和口吻向來都比較像個會計師，而不是個寵愛女兒的父親。我並不習慣探討愛與溫柔的主題，因此，所有因你而有的溫柔情懷與愛，不免令我覺得怪異與磨人。然而，儘管我在書裡的語氣很務實精算（我覺得很吻合主題），我希望我所說的不僅觸及你的頭腦，也能觸及你的心。

當然，我知道現代人多半都不看書，尤其不會看自家人寫的書。有句話說：「先知在自己的家鄉是不被承認的。」那在自己家裡呢？還是別提了吧……「請把垃圾拿出去倒好嗎？」

沒關係——我寧願是你的父親，而不是你的上師。只是，這二十年來，我一直都在做教導的工作，而且，我也很喜愛這份工作。因此，我寫的東西如果有可能縮短你的學習曲線，讓你未來少些痛苦、多些喜悅，那我怎麼也必須試試……

接下來的六個章節涵蓋了重要的原則和觀念。我相信，如果你或任何讀者能夠了解這些概念，對你們的人生會大有助益。本書的每一章都是以一封信起頭。我在信中回顧我過往對人生的一些領悟，或是我們最近相處時的回憶。接著是我個人的一些簡短心得，談的是承擔生命裡的責任和因此的豐厚報償。

我先前提到我擔心自己有著諸多缺點，可能不是你心目中所想的那個人，但在本書結尾，我會告訴你我在彙整了書裡這些觀念後的驚人發現。這有可能是我這生最出乎意料的發現，而且我想這個發現值得所

有人參考。

　　為了不讓你因為忽略我先前的十五本著作而有任何罪惡感，我在撰寫此書時，除了盡力簡單扼要，也濃縮了那些書的精華。

　　這本書是為你而寫，也是為所有想重新**發現生命之美、發現自身的力量**，以及**我們是如何地被愛**的人而寫。希望你們從字裡行間大有收穫。

· · ·

願你所得到的

遠遠多於你的期望

第一章

太陽為何升起

你小時候很愛哭，很容易就害怕。

奶奶在你一歲時就過世了，但你仍會哭著喊她。你學走路的時候，雙手總是緊緊抓住她的膝蓋，而且總迫不及待地要去擁抱她那八十一歲的身軀，熱切地要親吻她那滄桑的臉龐。

三年前，你從客房的浴室大喊「爹地！救我！啊－啊－啊－啊－！」我循聲很快就找到你，一眼看到你小小的身體頭在下，腳在上地倒栽在浴缸裡。原來你把手伸進浴缸，一不小心就倒栽蔥地掉了進去。

你嚇得無法動彈，只能出聲求救。

去年有好幾個晚上，我們被你吵醒，因為你在睡夢中斷斷續續地喊著：「我……不……喜歡……怪物！」

哭喊很明顯是小孩需要別人的注意，需要協助或是對愛的呼求。隨著成長，我們的需求變得更加複雜，雖然我們不再那麼地依賴，但有些事仍會令我們感到害怕。

我這一生，恐懼一直如影隨形；雖說我多半擔心的事從來沒有發生，但我也常擔憂本身的不足，以及別人的想法。如今我發現，**所有的恐懼都來自於誤解**。事實上，每當我們身處痛苦的情境或對未來感到悲觀，只要運用一些有幫助的新觀念，一切就會得到改善。我已經學會如何處理自己的恐懼，甚至活得很好，不僅被愛，也有能力愛人。而我學到的最重要的一課就是：**所有恐懼的核心都在於我們不了解自己的本質，不明白自己為何來到人世，也不明白我們這生能夠做些什麼。**

你也許不覺得如此，這要直到你自己發現答案。事實上，說來諷刺，那些能讓我們免於困惑的真相其實很顯而易見，而且我們在平日的生活就會經驗到。我們光是透過身體感官就能發現：我們生活在一個無限和善、充滿智慧的宇宙，而且我們本身就是這個宇宙的一部分。在這個宇宙，**我們透過思想、言語和行動創造**；我們的人生便是我們所創造出的無數事物裡的其中一項。

從理性的角度來看，愛因斯坦曾說過，現實只是一個「持續存在的幻相」。如果他說的沒錯，那麼我們可以延伸出一個結論：時間、空間和物質必然也都是幻相。愛因斯坦曾在他一些較不為人熟悉的文章裡針對這些元素做了類似以下的闡述；沒有真正的「前」、「後」、「遠」、「近」。一切都是「當下」，都是「一體」，沒有空間、物質或時間上的分隔。所謂「前」、「後」、「遠」、「近」等限定語只是提供了我們選擇性的認知範圍。

因此，在一個沒有分隔、萬物皆為一體的宇宙裡，我們每一個人必然都來自「神性的智慧」，不是

嗎？然而，如果沒有分隔，世上就不可能有「上帝」與「非上帝」的區別。那麼那些非上帝的「東西」要從哪裡來呢？

此外，既然你是上帝的一部分，那就表示你或你的高我，早在今生**之前**就已經存在，而且在今生結束**之後**也將繼續存在。這意味你是真實的，那些幻相則否。你是永存不朽的，它們則是轉瞬即逝。這意味著：你的存在**先**於它們。因此，你現在之所以置身於這個時空，必然是出自你（你的高我）的選擇！

如果繼續以這樣簡單的邏輯來推論，我們也可以反過來說：儘管生命如此複雜，但我們之所以來到人世，並不是要被試煉、評斷，並由一個憤怒和嫉妒的上帝來審判我們。首先，一個能夠夢想並創造出這整個宇宙（尚不提光合作用）的上帝，不可能會如此小心眼。其次，要測試什麼呢？要看上帝是否犯錯嗎？！

同樣地，我們很容易就能推翻老舊的「生命源自某種意外，其中沒有智慧可言」的說法。這個說法就像是認同生命是從岩石或空無或任何空間蹦出來，卻

沒有解釋那些岩石和空無是由何而來，而且無視於世上一億個**不同的**物種以及每一個生物的細胞裡所蘊含的智慧。

以上的推論使我們得出這個必然的結論：**你是重要的、神聖的、榮耀的、被愛的。**這個夢幻泡影的世界感謝你。你是創造者，是你創造了每塊岩石和每處空間，不是它們創造了你。

你正是太陽之所以每天升起的原因。你是自由的。你儘管做你自己。沒有所謂的「試煉」這回事。一切都很好。你值得快樂，快樂無疑是人類最可貴的情緒（愛不是會浮動的情感，它是絕對的，這點你後面會讀到）。這些概念雖然可能引發一些沒有人能夠回答的重要問題，但在有了剛才的洞見後，就算浮現那些問題又有什麼關係呢？

我可以想像，你會問，對於我說的這些，我有什麼證據？我是如何知道真相的？

身為你的父親，我認為我最大的責任便是幫助你獨立思考並在這世上綻放光芒。因此，我只是單純地

把自己看重並已成功付諸實行的一些概念提供給你參考。這些概念都是基於對所有人的愛與尊重。它們並非我個人的創見,而是放諸四海皆準並且顯而易見的概念,任何人只要認真探索都會發現。

回顧過去,我在認定什麼是真理的時候,向來都用兩個很簡單的標準來檢驗:

當你根據自己的經驗、邏輯或直覺得出了一個令自己振奮的概念,如果這個概念符合以下兩個標準,你就可以認定它是真理:

▶ 它表達的是生命的美或我們的力量。
▶ 無論在什麼情況,它永遠適用於每一個人。

沒有人被遺漏,沒有人被排除在外,也沒有人受到評斷。

有什麼比我們自己的經驗、邏輯和直覺更能驗證真理呢?很可能有人會說這些是外行話,但請想想:今天的各種主流信仰不僅禁不起檢驗,也沒有理性的

根據，只是在嚇唬和操縱大眾罷了。不是嗎？有誰是比較有資格談論真理嗎？是作家？神職人員？還是科學家？那經文、教義和理論不就只是其他人的發現或研究結果的摘要和總結嗎？

因此，我建議你自己去體驗生命，深入自己的內心，得出自己的結論，然後再和一些被大眾尊崇、沒有偏見的思想家——像是老子、孔子、柏拉圖、蘇格拉底、亞里斯多德、古羅馬哲學家塞內卡（Seneca）、哲學家皇帝馬可·奧理略（Marcus Aurelius）、笛卡爾、愛默生、梭羅、詹姆斯、尼采、赫塞、紀伯倫，或其他上千位受到敬重的歷史人物——所做的結論做個比對。我希望有一天你也會發現這本書印證了你根據自身經驗、邏輯和直覺所得出的結論；這並不表示你需要任何權威來支持你體認到的生命的美好，以及你具有的永恆力量。

當然，我也知道真理有時很難以文字表達。由於這個無可避免的語言障礙，你在書裡難免會找到一些看似矛盾之處。然而，為了鼓勵你獨立思考，而非盲目地相信他人的說法，我寧可讓你留下一些小小的困

惑，以激勵你自行尋找答案。

當你仔細思考我所寫的這些東西，你可以指出其中的不足與矛盾，也看看有哪些地方引起你的共鳴、哪裡與和你的想法一致，並在你的生活裡是明顯的事實。當你發現書中有無法共鳴的概念（我假設有不少），不妨問問自己：「如果這不是事實，那什麼才是？」這是你應該為自己負起的責任。即使我所寫的無法完全使你信服，但你若能了解，當在生活中遇到任何困擾，你都須自問：「如果這不是事實，那什麼才是？」我也就算成功達成目標了。我確信，你一定可以找到答案，並讓自己得到平靜與快樂。

除此之外，我對你沒有任何要求，寫這本書也沒有別的目的。請記得：世上沒有什麼不可見的力量在阻擋你。你確實有能力主宰一切。除了你對什麼是真理的迷惑外，沒有任何事物可以影響你。

在這一章，我將談論我們這個實相裡最根本且絕對的法則。當你理解了這些法則，你這一生將過得精彩無比，你將能把恐懼從生活裡排除。所有的美好事物——平安、自在、創意、自信、健康、財富、友誼、

快樂、愛情與開悟——都將屬於你。

. . .

這正是我對你的心願。

你來到人世，不是為了努力長出一雙**翅膀**，

讓自己得以輕盈飛翔。

你來到人世，

是因為在某個早已被你遺忘的國度裡，

你**已經**有了一雙翅膀。

你是第一個到來的。

早在太陽、月亮和星辰出現之前，你就已然存在。

你選擇來到人世，

成為**你**最想成為的那個人。

你之所以在**這一世**開始**前**就遺忘自己

從前的身分，

是為了更徹底地成為**現在**的你。

「事實」並非你因為軟弱，所以夢想變得強壯；

因為貧窮，所以夢想變得富裕；

因為孤獨，所以夢想結交朋友。

「事實」是：你已然強壯、富裕、擁有許多朋友——

然而，你有時會**夢見**自己軟弱、貧窮且孤獨。

思想是生命中唯一的**變數**。

其他的一切都**早已**決定。

從最根本的意義來說，

我們的生命之所以展開，

是因為上帝開始透過我們思考那從未被

思考過的**可能性**。

唯有透過你，上帝才得以成為**你**，

才能看到別人所看不到的，

聽到別人所聽不到的，

想到並感受到別人所無法想到和感受到的。

你比你所能**想像**的更加珍貴。

你已經是這世上最**重要**的人之一。

所謂「原罪」乃是看到世上的幻相，
卻視之為真實；
亞當將傳說中的虛幻蘋果**當成**了真的蘋果，
咬了一口；
從此遠離了**真理**，失去恩典。
每回我們把周遭的世界當成了真實而反應時，
我們就如吃了那禁果。

如果你期望從人世經驗得到答案、方向與意義，
它們將動搖你的世界。
然而，你若知道是**你**賦予它們答案、方向與意義，
你就會**撼動**這個世界。

你愈是相信你的感官所覺察到的事物表象，

並將自己當成環境裡任人擺佈的棋子，

你就愈無法控制你所置身的情境。

因此，盡情欣賞那些表象，

但不要相信它們。

虛幻的不是那「看不見的」，而是那「看得見的」。

你觸摸得到的事物總有一天會消失；

但你的感受將**永遠**存在。

真理不僅能使你自由，

還會殲滅所有的惡龍，趕走你所有的恐懼，

療癒你的創傷、填補你的空虛，

釐清你的困惑，使一切具有意義，

減輕重擔，凝聚友誼，

將塵土變為黃金，並使太陽升起。

在時空中，**意識的進化**指的是
愈來愈能看到自己不曾注意到的事物和意義。

唯有否定那曾經讓你安心的邏輯，
你才會決意做出**改變**。

能夠**停止欺騙**自己的人，
才能做出最大的突破，
在失敗後最快速的站起，
並以最快樂的步伐前行。

真正的愛並不是一個選項;
它是絕對值，不是變數。
它源自我們的**神性**，而非人性。
它永遠是**沒有條件**的。

我們的人生其實無關乎愛，

而是關乎我們對愛的探索和**冒險**。

那變幻的，是我們的探索，**不是愛**。

生命不只是你看到的，也是你投射出去的。

它不只是你感受到的，也是你所決定的。

它不只是你體驗到的，也是你所記得的。

它不只是你所打造的，也是你所**允許**的。

它也不只是有誰出現了，而是你召喚了誰。

關於你的感官，最大的矛盾之一就是：

它們呈現的不只是你所感知的，也是你所**相信**的。

還好，後者比較容易改變。

與其逃離可怕的事物，

不如學習如何**不被它嚇到**。

當你安住在真理時，就不可能會有害怕。

與其試著不要那麼畏懼，
不如試著多愛一些。
這不僅更容易，效果也更好。

只有在你假設自己無法掌控局勢時，你才會害怕。
只有在你停止採取行動後，你才會孤單。
只有在你沒有聽從你的心時，你才會感到厭倦。
只有在你把幻相當真時，你才會無法承受。

生命之所以成為一場歷險，
是因為人們有個迷思，
認為自己有可能因為失敗而減損價值。

當你記得這兩件事，你就不會再感到恐懼：

首先：你是靈性的生命體。

其次，一個靈性的生命體可以把失去或被取走的

都重新創造出來。

有時，你必須受到黑暗的壓迫，

才會開始尋找光明。

不是你有了生命，而是生命有了你。

不是生命創造你，而是**你創造生命**。

雖然你會經常聽到「人生唯一不變的就是改變」，

但真正改變的，只有你和你的理解。

時空純粹是衡量自我覺察程度的工具。

一個人只要思想**自由**了，一切都是自由的，
不論他們是否知道這點。

無論你想要什麼，你值得的。

所有形式的分離——絕交、分隔、疾病、
離別、分手和再見——都是暫時的，
你是永恆的。

在人類進化的初期，
當你對一個剛走上靈性道路的人說話時，
你可能會把上帝比喻為一個男性，
說「他」會發怒，會試煉世人，並審判人們。

在比較安樂的時期，

當你對一個比較了解靈性的人說話時，

你可能會把上帝比喻為一個女人，

說「她」向來慈愛、和藹，並且總是為你著想。

在人類進化的後期，

當你向一個即將開悟的人形容上帝時，

你可能會請他們打開音樂，

脫下鞋子，走在草地上，

解開狗兒的鏈子，

把籠子裡的金絲雀放出去，

御風前行，對著星星許願，

每天跳舞，

早早起床，睡個午覺，享受生活，

吃巧克力，

感受**愛**，

把東西送人，再把它們賺回來，

給得更多，然後**開懷大笑**。

天堂無所不在，永恆且當下。

不知天堂的存在就如身處地獄。

任何情況都有好的一面。

你只要試著把它們**找出來**。

上帝無處不在，

永遠，一直，當下。

世上沒有魔鬼，邪惡也無法自行存在。

邪惡只是人類**思想的無知**，思想的誤判。

並沒有所謂的「審判日」，

然而凡事都有後果。

若誤解生命的真相就很可能做出不當的行為，

重複同樣的錯誤，並且遭遇種種磨難……

直到你的想法符合真相為止。

事實上，只要你願意嘗試跳脫舊有的思維，

真相就離你不遠。

無論你忽視生命的魔法多長一段時間，

只要停止掙扎，你就能立刻回歸生命之流。

關於天使，你只需要知道三件事：

1. 祂們確實存在。

2. 有些天使的存在就是為了服務你。

3. 當你向祂們求助，祂們便能發揮最大的力量。

只因你是個超自然的生命、一個勢不可擋的創造者，

這不表示你不能擁有一些時不時

可以對你伸出援手的朋友。

生命是絕對的，它的法則是精確的。
真理存在於萬物裡。

透過真理的光看待一切，
你就再也不會嚐到悲傷、匱乏和受限的滋味。
你會發現你很**安全**，沐浴在**愛**中，
而且被愛你的人圍繞，
無論在物質世界或靈性世界都是如此。
你觸目所及，一切都盡善盡美，充滿意義。

你將意識到：人世雖看似禁錮了你，
卻也蘊含了**無限**的可能。

沒有什麼比認識**真理**更能讓你得到**自由**。
沒有什麼比不認識真理更會使你裹足不前。

如果你曾經感到好奇，
想知道宇宙希望你成為誰，
只要看著鏡子**微笑**就行了。

你的人生目標是**做自己**，
而非做出聰明的選擇。

感到迷失，並**不表示**你是真的迷失。

你所需要的，**此時此刻**都在你心裡。

你也許無法明白何謂「目標」、「意義」或「命運」，
但你永遠可以確定一點：

那創造出宇宙的心智顯然有祂的希望與夢想，
而你顯然是其中之一。

一切都好得很。

無論你做出什麼選擇，
都不會像你所擔心的那般使你受限。

當你偶爾擁有一些（或許為數不多）的選擇時，
儘管去做**你最想做的事**，
很快地，你就會發現你的目標找到了你。

最重要的是，你**現在**在這裡。
相較起來，你在這裡和誰一起、在哪裡、做什麼，
並不重要。

你來到人世，不是為了實現什麼……
或是散播愛……或讓人間成為一個更好的地方……
或是學習接受你無法改變的事。

你來到人世，
不是為了找到你的靈魂伴侶或你的目標，
也不是為了把別人的需要放在自己的需要之前，
更不是為了來受苦、贖罪、接受試煉或評斷。

你在這裡，
是因為你在那最崇高的存在狀態，
置身於時空的奇蹟之上，位於榮耀的頂峰之時，
你心想：如果相信有「限制」存在，
即使只是短暫地相信，
那將是怎樣的情景？

當你**身處幻相**而能了解這點時，
你也將明白你是多麼地**無限**。

人類的經驗其實只有兩種狀況：
非常非常快樂，
或是，即將變得非常非常**快樂**。

針對你問上帝的每一個「為什麼……？」，
「**你的快樂**」便是那終極的答案。

快樂永遠比憂傷持續更久。
時間確實站在你這邊。

容易滿足並不表示你對要求退而求其次；
它意味的是你已準備好得到更多。

有些人在不快樂的時候最快樂。
那就讓他們**那樣快樂吧**！

如果你想要找到人生伴侶，

想要自己更富足，更有效率，

想要促進地球的和平，或改善自己的健康，

如果你能在這些目標還沒達成之前，

「現在就快樂」，

那麼這些想望將更快實現。

快樂不是你在實現夢想時所收穫的作物，

而是讓夢想更快實現的肥料。

它開啟人生的水閘、使你的心跳動、讓你找到真愛、

滋養你的心靈，

並使你的靈魂**自由**。

你愈有智慧，生活就會變得愈輕鬆。

但你愈快樂，你就愈不會需要輕鬆。

你當然可以嘗試改變你不喜歡的事物，

並努力顯化你想要的事情，

但**不要**為了這些原因而**延後**你的**快樂**。

快樂是你**永遠**都可以擁有的選項，

沒有人可以剝奪。

快樂法則這麼說：

無論你過去曾經如何快樂，

有一天你會**更**快樂。

通往開悟的道路並不是一條路，

而是隱喻一段**時間**：

為了達到「無論如何都**活在喜悅裡**」的境界

所需的時間。

當這個世界顯得冷酷無情，令你難以理解時，
不妨換個角度，
把人世想成是宇宙的**幼稚園**，而非哈佛大學。

初昇的旭日，潺潺的溪流，
熱帶的森林和沈睡的草原。
現代的奇觀和科學的突破。
令人振奮的發現和無垠的疆界。
忠心的朋友和有愛心的陌生人。
生命、愛，以及可以緊緊相擁的靈魂。
你的**心**可能要滿得炸開了呢……

有時，你目前所在之處和你夢想要抵達的地方
似乎相距遙遠，
但那條路將會帶你**直接經過**樂園。

你雖看似身在這個時空叢林，等待夢想成真。
但你事實上是在一個充滿愛的神奇世界裡，
在上帝的掌心裡，實現夢想。

蝴蝶之所以飛翔，螢火蟲之所以發光，
彗星之所以殞落、樹木之所以成長，
貓之所以低鳴並搖擺尾巴，
是因為它們各自**反映**你內在的某個部分。
它們隱藏在萬物裡，落入時光中，
為的就是讓你憶起你那絕妙的**神性**。

如果你有一天發現自己開車
沿著人生的高速公路行駛，
尋找一個標示「安樂街」的出口……
那有可能正是我們當初循著「通往樂園」的標誌
開上公路的地方。

那標誌上還寫著：

「道路施工中。留意光行者、

看不見的信念和失控的教條。禁止停車。」

在這個幻相世界經歷人世的最棒一點就是：

無論發生什麼，都會使你**更加豐富**。

人們只要有機會，就會微笑、跳躍、起舞。

他們創造、玩樂、歡笑、

他們關心、分享，並且去愛。

那些沒這麼做的人，

是因為他們還不明白**機會是自己給的**。

無論你走在哪一條路，

有一天你都會發現：

那良善美好的事物**遠多於**邪惡和醜陋的。

如果你無意中聽到有人說自己「不過是凡人罷了」，
請提醒他們：那只是暫時，
不久他們就能再度看到自己的翅膀，
講說不為人知的語言，
並乘坐著烈火戰車疾馳在永恆中。

逝者確實有他們的生活，
而且他們活得很好，
沒有人**真的**死亡。

在凡人眼中，死亡似乎是隨機發生，
但在偏向靈性探索的人看來，
它是註定的。

人生是如此的美妙。
一旦你從這個次元畢業，
即使是那些憂傷、恐懼、挫折、憤怒、
惶惑和孤獨的時光，也會被深深懷念。

而當你發現它們就像寶石般被細心地鑲嵌在
你慈悲的冠冕上時，
你的嘴角將漾起一抹微笑。

當時光卸下面紗，
你明白了人生經歷的每一刻仍在繼續展開，
你將流下快樂的眼淚。

而當你意識到這一切你當初早該明白時，
你會忍不住放聲大笑。

人生的道路往往顯得孤獨而漫長。
奇怪的是：當你走到盡頭，回顧過往，
你會發現它既不孤獨，也不漫長。

不要害怕當生命結束時，
你會像一顆方糖融入熱騰騰的飲料般地**消失**，
回到上帝的懷抱。
因為就在現在，你便是活在上帝**之內**，
並保有你那**發光**的本質和光榮的身分。

因為世人都不確定死亡時會發生什麼，
不難想見那些已經「逝去」的人
最想告訴在世者的話便是：
一旦你平安抵達，並從驚訝中毫髮無傷、
美好如常地在愛中回過神時，
人世最令你想念的
就是那被**虛構**出的有趣的不確定性。

當然，你也會懷念那風吹的早晨、
滿天的繁星和古老的樹木；
光著的腳丫、吠叫的狗兒和最愛的米色；

還有金龜子、草莓和門鈴聲；咖啡、牛仔褲和落葉。

　如果你能記得所有的道路都通往家，那很好。

　如果你能意識到你從未真正離開家，那更好。

第二章

事物是怎麼成真的：
魔法與奇蹟的背後

　　我還記得在你出生前的幾個月，第一次聽到你的心跳的感覺。那心跳聲之前並不存在。當時就像是聽到了靈魂在向「時空之門」的敲門聲。「奇蹟」並不足以形容靈魂進入肉體的神奇轉換。

　　從此，你便進入了我們的生命。隨著你的成長，我們也目睹了一連串神奇的時刻。說真的，人們如果知道自己光是存在於此，每天就行了多少奇蹟，他們便再也不會因生活中的任何事物而感到不知所措、惶恐害怕，也不會覺得有什麼事是不可能的了。

我人生中的另一個重大體悟，便是發現奇蹟並不一定要違反宇宙的物理法則才能讓我們驚訝震撼或目瞪口呆。事實上，大多數奇蹟都不是如此。當你學到如何有意識的創造並回顧過往的歷程時，你會開始發現：你的不凡成就大多是透過一連串令人難以置信卻又平常不過的事件而發生。

　　舉例來說，當你夢想遇見白馬王子（先還不急），並針對這個夢想採取一致而周詳的行動，而且過程中沒有任何誤解或矛盾時，你必然會遇見你的白馬王子……這個過程看似由一連串自然且湊巧接二連三發生的事件組成，但每一件事不僅至關緊要，時機也都要配合得剛剛好。然而，如果沒有你最初的那個夢想，這些事也不可能發生。這是因為所有顯化成真的事物都始於某個渴望的結果。這個渴望會吸引合適的想法、情況和人物與你交會，最終創造出你最初所想——甚至超乎你的夢想——的生活。

　　大多數的奇蹟都是看不見的，並且往往在發生許久後才為人所知。而你一直都在創造奇蹟。事實上，我們都是如此。人類是天生的奇蹟創造者，總是不間

斷地在創造奇蹟，透過自己每天的思想在操控物質。

當然，乍看下，這似乎不可能是事實。畢竟有太多我們期望的事沒有成真，而且太多我們從未想過的事卻發生了。因此你必然會無法認同這個說法，並且心中有著許多疑問，就像我曾經也這麼認為。但如果你能先包容這個說法，敞開心胸並堅持探尋真理，那麼你終將發現下述這些顯而易見的事實：

▶ 思想會成為實物，除非被你的其他思想所阻擋。

▶ 如果你沒想過的事發生了，那必定是個跳板，讓你朝著你曾經想過的某個更遠大的目標前進。

▶ 就像天氣或經濟，許多事情是由這世上七十多億位共同創造者的集體思想、困惑和行為所共同顯化出來的。

▶ 在你出世之前，你就已經知道這個世界盛行的集體思想，因此你很清楚這個世界可能會走向戰爭或和平、富足或飢荒，以及未來是否會有其他的變化或動亂等等。就個人的層面而言，你也知道你的父母可能會遭遇什麼困難、你的

其他家人可能過著怎樣的生活。這些跟你個人的生命目標可能有關，也可能無關。

▶ 個人思想的顯化通常「不可能」違反人們對於實相（現實世界）本質的核心集體信念（像是這個世界的物理法則），因為如果違反了，就會破壞我們共同生活的舞台。因此，當你面對一隻向你進攻的獅子，你不可能把牠變成家貓，但你的思想和行動（譬如堅強的求生意志並採取迅速逃命的行動）很可能會促使一群斑馬剛好路過，讓那隻獅子轉移目標──這同樣是個奇蹟。

▶ 雖然集體的思想會讓你的某些古怪想法（譬如把獅子變成家貓）無法顯化成真，雖然你可能會一時被某些人左右或把力量交給別人，但最終，沒有人能夠阻止你顯化出更多的朋友與歡笑、健康與療癒、財富與豐足，也沒有人能夠阻止你過著快樂、充實的生活。

而且情況會愈來愈好，

愈來愈好，

好得遠超乎你的想像。

因為你的正面思想遠比你的負面想法更有可能成真。

如果這個說法聽起來有點扯，請想想：在過去的日子裡，你是否微笑的時候比皺眉的時候多？笑的時候比哭的時候多？頭腦清明的時候比糊塗的時候多？朋友比敵人多？健康的時候比生病的時候多？錢夠用的時候比入不敷出的時候多？而且兩者的比例往往都很懸殊？那麼你是否能看出：生命並非一場機率為50／50的擲骰子遊戲，而是一場「不公平」的遊戲？因為過往的任何事都無法阻止你思考並創造新的事物。

正面的思維與那股使我們來到人世的美好力量是一致的。正面思考是順勢，而非逆勢而為，因此它才具有更大的力量。即使只是部分時間的正面思考，只要你能採取相應的正面行動，也能使你部分時間的負面想法產生不了作用。

你不需要成為一個奇蹟締造者，因為你已經是了。在這一章，我會努力讓你了解宇宙萬物是如何創造出來、機會是如何形成、如何超越限制，以及如何看穿生命的幻相。我們將在第四章進一步談到如何運

用這些道理。

　　以上所說的種種，你都可以在自己的生活裡找到佐證。我們每一個人天生都具備過著美好生活的條件。你也不例外，而且無論從哪方面看來都是如此。雖然人類無比天真的認為「上帝在生我們的氣」或「我們來到這世上純屬偶然」，但到目前為止，人類還是取得了空前的成功。你能夠想像一旦大家都明白了這些顯而易見的事實，都能放下恐懼，開始發揮自己力量的時候，我們會有多重大的突破嗎？這正是我們要前往的方向，而這天很快就會到來。

· · ·

我希望你現在就知道。

無論你在生命中追求什麼，
要得到你想要的，你終究需要一些神性的干預
——**你自己**的干預。

夢想實現的速度總會跟奇蹟的大小有關，
這是為了不讓那個夢想的人**嚇到**。

「擁有的人」和「沒有的人」之間的**差別**是
人們想像出來的。

有三件事是你的感官無法察覺的：
樹木的生長、地球的轉動與夢想的**實現**。
千萬不要因為你看不到就以為這些事情沒有發生。

所有的迂迴曲折、挑戰和危機

都只是為了掩飾那些沒有其他方法

可以降臨在你身上的奇蹟。

別讓那些尚未顯現的奇蹟遮蔽了你的雙眼，

使你看不到那些**已經顯現**的奇蹟。

你的夢想也就是宇宙**對你**的夢想。

大多數奇蹟都是在發生許久之後才看得出來，

這很可能意味：

當你正在閱讀這些字句時，

有些巨大的奇蹟不久前**已經**發生，

而且很快就會**改變**你生命中的一切。

無論何時，這世上為你發生的好事

總是**遠多於**你的感官所能察覺。

知識確實是力量，

但你並不需要多少知識

就能做夢、行動、顯化事物，並且**快樂**生活。

當你有了**想要**更多的念頭，那只是第一個徵兆。

接下來還會有更多的徵兆讓你知道：

你將得到你想要的事物。

「心想事成」或「思想變成實物」

說明了你在實相創造的過程中所扮演的角色。

你就是那個創造者。

凡人並未意識到：

這個物質世界會隨著他們的每一個想法而改變。

要改變你的人生，
最有效的方式莫過於改變你的**想法**。

你若沒有夢想，就不會有創造的模型。
你若不說出夢想，就無法許下承諾。
你若不採取行動，就不會走出一條路。
但你若做了以上這些事情，
你就在重新排列那些照耀著你的生命的星辰。

神性的智慧並非透過研究夸克、
繪製圖表和蝴蝶來創造這個物質宇宙。
祂開始於**想像**祂所期望的最終成果：
廣袤和諧的空間、相互依存的物種、
一個讓我們能夠學習的舞台。
於是，「宇宙大爆炸」瞬間發生。

我們所知的**生命所需**的事物——
包括數學、科學、宇宙的物理法則——
被自發地創造出來並一一就位。

你所**選擇**的最終結果也是如此，
所有的細節、條件、人、美好的偶然、意外和巧合
最終都會**顯化**出你的意念。

你的淨值主要取決於你的純淨意念。

命運、天意、運氣、巧合和偶然這些概念
都違反或次於「思想成為實物」
這個神聖不可侵犯的原則，
因此它們永遠無法充分解釋你的人生。

你在書上讀過的古老靈性契約確實存在。
它們為你生命的所有面向提供架構。

然而，在每一個黎明，這些契約都會被改寫，
並隨著每一天的開展而更新。
同時，每份契約也都規定：
一旦它們可能對你造成限制，
其中的條文就自動失效。

業力是現象，不是法則。
在它的作用下，
你所顯化出的生命和環境都會反映出你的**焦點、
行為與信念**。
無論你的焦點、行為與信念是正面或負面，
是慷慨或吝嗇，
你所收穫的都反映了你的付出。

種瓜確實得瓜，種豆確實得豆。
但只要你改變你的焦點、行為與信念，
無論你的業力分數如何，
你的**經驗**就會立刻改變。

無論過去發生了什麼，
都剝奪不了你現在選擇新的想法、創造新的生活，
做一個**快樂**的人的**力量**。

我們的**信念**具有強大的力量，
因為它不但可以激勵我們的想法，
也可以負面影響我們的意念，
它決定我們的想法會否在生活中**成真**。

你的信念雖然是無形的，
但它們在你的生活中所顯化的事物卻處處可見。
你只需要審視自己不喜歡的地方，
便可以知道你能從哪裡開始省思、
探究並重新思考。

有一個方法可以擊敗無形的受限信念。

那就是夢想一種**無比美妙**的生活，

並朝著那個方向前進。

為使這個夢想成真，

你知道你必須將任何足以妨礙夢想實現的信念都

徹底除去。

唯有當你活在那些受限的信念時，

你才無法察覺它們的存在。

儘管大膽地讓自己懷抱夢想。而且，**夢想要遠大**。

你或許不知道自己有哪些限制性的信念，

但你必然知道自己想要有哪些能使你

更有力量的信念。

把它們寫下來。

讓自己熟悉這些信念。

然後，每一天，每當你必須做出決定時，

選擇遵從你內在**最崇高**的聲音，
直到你再也聽不見別的聲音為止。

你的**話語**就是你的思想，
它們成為實相的速度最快。
因此，讓你口中說出的，都是你喜歡、
在意和**珍惜**的情景，
都是對你有用、令你快樂，會給你翅膀，
使你的心歡唱，
並讓你生出**夢想**的話語。

除此之外，儘量少說。

如果你把注意力放在你不想要的情況上，
這通常會延續那些情況，並讓它發生得**更頻繁**。

當你談論「現況」或「過往」，

即使只是在向友人解釋，
也可能會投射更多同樣的情況到你的未來。
因此，注意你的用語和意念。

當你真正了解了生命如何運作時，
你就不太可能會說「這很難！」、
「這不管用！」或「我有毛病」這樣的話。

相反的，你將開始說：「我會找到時間去做」、
「還好我很有錢」
或「我拍照很厲害」之類的話。

從你在一天當中的情緒起伏，
就可以看出你那天對自己說了些什麼。

泥水匠如果不滿意自己新砌的混凝土，
他不會試著重塑形狀，

而是重新來過。

通常，願意**放下**自己所擁有的，
才能得到自己想要的。

你的**正面**想法比你的負面想法**有力**至少一萬倍。

不要因為你在擔憂而擔憂。
只要每天有一些些的正面想法、言語和行為，
你就可以翻轉任何逆境。

自我修正、重新振作和療癒，
這些都是你的天性和**正常**狀態。

正確的答案、道路、可能性、夥伴、

情趣或風味永遠不只一個。

因此，不要堅持一定要哪一個，

這樣你會把其他的都排除在外。

你要管理的不是一天的時光，而是**此時此刻**。

你要**殲滅**的不是那惡龍，而是你的**恐懼**。

你要知道的不是眼前的道路，

而是你的目的地。

在顯化你的夢想時，

你可能會遇到那個「百慕達三角」。

那三件你永遠不一定能夠完全掌控的事：

特定的人表現出特定的行為，

夢想實現的**方式**，

以及不重要的細節

（順道一提，所有的細節都不重要）

變通的辦法很簡單：
讓你的夢想更加遠大和**豐盛**，
不要把你的愛侷限於特定對象，
精彩的生活也並非只是花俏華麗的事物
和眩目的珠寶。

為了確保你不至於進入那個百慕達三角，
在你說出每個想望之後，請再加上一句
「**或是更好的事物**。」

宇宙是無窮盡的。
堅持「人物」、「方式」和「地點」等細微末節，
就如同限制宇宙。
把心思放在驚嘆目標的**實現**，
而不是宇宙如何達成目標的方式。

妥協或退而求其次的問題在於，
這樣所得到的結果

並不會比你原先所設定的目標更容易達成。

無論你把標準提高或降低，
生命的魔法都必須同樣努力。

不要害怕去你沒有去過的地方，
做你不曾做過的事，
因為唯有如此，
你才能擁有你從未有過的東西，
成為你不曾是的那個人。

歌手之所以成為歌手，
並不是因為他們有令人驚艷的聲音。
作家之所以成為作家，
並不是因為他們可以寫出巧妙的故事。
大亨之所以成為大亨，
並不是因為他們擁有許多錢財。
而是因為他們有一個夢想，並且非常渴望實現，

因此他們寧可因追逐這個夢想而「失敗」，
也不願在不是自己夢想的領域裡成功。

當你害怕自己原地踏步多過於擔心失敗而採取行動時，
事情就會發生。

若有夢想，卻沒採取相應一致的行動，
那就表示想法有矛盾或是對事情有誤解。

希望、期盼和祈禱
永遠不應該和**行動**混淆。

你之所以投生人世，不是為了等待，
而是為了**創造**。

為真理感到振奮，永遠不足以改變你的人生。

你必須實際地依真理**生活**。

你夢想中的生活不會是在標示著「哇！」，「好棒！」

或「好迷人」的門扉之後。

生命的魔法是透過你作用。

不是在你身邊。不是在你周遭。

不是為你作用。不是代替你作用。

而是透過你。

生命有著無數扇門，每一扇都通往不同的道路，

每個人似乎都必須從中選擇一扇。

於是我們疑惑、思量、打算，

並擔心自己所敲的那扇門是否「正確」。

然而，我們只是還不明白：

每一扇門後的道路，**最終**都通往同一棟宅邸、

同一間大廳，同一場美妙的宴會。

通常，你做得愈多，

宇宙也會為你做愈多。

所有做大事的人的夢想都很遠大，

但他們都採取了行動，

並且在充滿不確定的情況下仍持續行動。

而後，事情就變得容易許多。

無論在生命的任何時刻，你面臨的不確定性愈高，

你就愈有機會擊出一支改變生命的漂亮「全壘打」。

要**改**變你的現況，必須先改變你自己。

要改變自己，必須先改變你的**想法**。

要改變你的想法，必須先改變你的**信念**。

因為你的行動是由信念和渴望所引導。

如果你只是想要某個事物，

你將愈發相信自己的匱乏，

並因此使自己持續處於匱乏的狀態。

相反地，要想像自己**已經擁有**那個事物，

並為此預先表達**感謝**。

你若為自己已經擁有的事物表達感謝，

你所擁有的將愈來愈多。

你若為自己尚未擁有的事物表達感謝，

彷彿你已經擁有它們，

你將**吸引並創造**那些事物進入你的生命。

如果你的祈禱並沒有堅定的信念與信心，

而且是以「我能嗎？我可以嗎？我會嗎？」
之類的問句結尾，

你將得到「**當然！沒問題！**」之類的回答，
但不會得到結果。

這也無妨，除非你想要有結果。

那麼，不要問。要**感謝**。

為他人——無論是誰——的好運由衷感謝，
將為自己帶來類似的好運。

一個人之所以能創造奇蹟，改變一切，
並非因為他**想要**達成某個目標，
而是因為他高度**預期**自己可以達成目標，
而且已經開始預作準備並為此**感恩**。

你所給出去的，都會回到**你**身上。

如果你想知道自己是多麼有福，

擁有多少關愛、時間、能量

或任何其他物質和特殊待遇⋯⋯

把它們給出去，

然後你就會明白「**無窮盡**」是什麼意思。

願意給予表示你相信自己不虞匱乏，

相信你縱使給了出去，仍將完整無缺，

相信給出去的會回來，

相信**愛的價值**更甚一切。

當你相信時，它們就會在你的生活中成真，

你將領受到無比的富足，

彷彿**天堂**之門已經開啟。

給得太多、付出太多、愛得太多，

永遠都比給得不夠來得好，
尤其當你瞭解了你所給出的都會**回來**時。

一旦開悟，你就能做得更少，擁有得更多。
但……一旦開悟，
你將發現世界掌握在你手中，意念會成真，
而且只要保持積極，並且參與人生，
你就能擁有你想要的事物，
做你想做的事，成為你想成為的人。
在這種情況下，誰會想做得較少呢？

偷偷告訴你，一個人會覺得寂寞的首要原因
並非他沒有朋友，而是他不夠**忙碌**。
無論人際關係、職場或其他方面的危機、
挑戰與問題，
十次有九次都可以靠忙碌解決。

另一次的解決方式則是：

先**安靜**一會兒，然後再讓自己忙碌。

世上最令人印象深刻、最激勵人心或最迷人的事
莫過於看著一個人積極行動、
專心一意地朝目標邁進。
任何一個人（包括你在內）只要願意，
隨時可以成為這樣的人。

當你忙碌的時候，你會比較容易愛上別人，
別人也會比較容易愛上你。

你愈忙碌，時間過得愈快，
你的憂慮愈少，朋友愈多，旅行得愈遠，
擁有的愈多，復原得愈快，感覺愈快樂。
此外，
你在對的時間點置身於對的地方的機會也大幅增加。
這不只是因為你的忙碌讓這些機率增加，

也是因為你的信心。

你只能以你目前擁有的，去做你能做的事。
而依照宇宙的設計，這也就**足夠**了。

通常，尋找你生命中的黃磚路的最佳方法
就是從一條塵土飛揚的泥土路開始，
全神貫注、盡力而為、享受其中的樂趣，
並且挑戰自己，
以致於你根本無暇注意到路況。

直到不久後的某一天，
你開心地和一位新認識的好友同行，
你感覺自己彷彿長高了一些些。
這時，你看著眼前的道路，
突然注意到路面是由24K金打造。

然後，

也許在你啜飲著一杯帶有異國風味的水果飲料時，

你納悶良久地想：

這樣的轉變究竟是在哪一天發生的呢？

無論你在人世做了什麼，或擁有什麼，

到了生命的盡頭，你雖無法帶走，

但它們會在「另一邊」等著你。

通往開悟的道路往往包括許多階段。

通常最一般的，

是開始於對生命的嚴重誤解所造成的痛苦，

而痛苦帶來成長，

成長使人看透事情，

看透事情使人生變得有趣味，

趣味帶來喜悅，

喜悅帶來真正的啟迪。

只要有機會（通常都會有機會的），

我建議你直接跳到**趣味**的階段。

第三章

從所有讓你傷痛的事物學習

　　我敢肯定你讀到這章的時候，必定是個美好的一
天，倒不一定是陽光普照、微風習習，甚至不一定有
日光，但必然閃耀著各種可能性。事實上，每一個日
子都是如此。

　　三年前，每天早上，我為你換好尿布並餵你吃完
早餐後，一定會抱著你出去散散步，經過附近幾戶人
家再走回來。那已經成了我每天上午的例行事項。冬
天時，我會把你包在毯子裡，天氣較暖和時，我會讓
你光著手腳感受早晨的微風。

你總是會把頭抬得高高的，眼睛睜得大大的，靜靜地看著，我則觀察著周遭的一切：初昇的太陽、在空中飛來飛去的鳥兒、在上班路上對我們揮手的鄰居、爬過前方人行道的蝸牛。偶爾我會告訴你花朵的名字，描述它的香氣和模樣，並對你說：「又是美好的一天！」

到了你三歲，已經會講話和走路的時候，有好幾個早晨，你一看到太陽出來了，就會躡手躡腳地走進我們的房間，用仍帶著睡意的聲音膽怯的問：「爹地……今……天……是……不……是……美‧好‧的‧一‧天？今天是不是美‧好‧的‧一‧天？爹地！」聽到我們翻身後，你會以更快速和亢奮的語調繼續問：「今天是不是美好的一天？今天是不是美好的一天？今天是不是美好的一天？」我知道你其實不是在懷疑今天是否美好，而是想知道今天是否又是新的一天，因為我相信你雖然年紀小小，卻知道所有的日子都很美好。

毫無疑問的，每一天的每一個時刻所發生的每一件事都具有意義、秩序與愛，而這些都是美的表徵。

即使有時事情看來也許一點兒也不美，似乎與這樣的說法有些矛盾，但這不表示你的人生不是操之在你的手上，也不代表上帝在對你進行某種測驗或考試。事實上，稍後我將談到，我們就是自己的老師，因此沒有什麼所謂的「考試」可言。

這一章是本書最棘手的一章，因為我在這裡要和你分享的看法可能會顯得有些天真、負面，甚或令你反感。但請想想：如果你已經逐漸明白你的人生是你自己創造出來的，而且一切都是以愛的方式來表達，那麼如果這一章有任何一段話（它們都是經過深思熟慮才寫出來的）刺傷你或讓你覺得被冒犯，那就表示你還有需要學習的地方。

生命一直是完美的。如果我們感到痛苦，那必定是因為有些東西我們沒掌握到，有些道理我們還不明白，而不是我們發現了這個世界的瑕疵。**是的，世上的確有醜陋的事物，但其中必有深意。只要你發現意義所在，就會逐漸釋懷。一旦釋懷，你就會發現愛。**

▌承擔責任

當你接受了自己具有超自然能力之後，就表示你必須承擔起超自然的**責任**。如果想活得淋漓盡致，你必須為自己生命裡所發生的一切負起責任，包括你的出生以及那些看起來像是強加在你身上的經驗。

如果未來你的白馬王子不如你的預期，接受現實，放下他，往前邁進，但也請試著了解你當初為何會把他看成白馬王子並選擇了他，也就是說：你必須釐清自己對男人和感情關係的觀念。

乍看下，這個說法似乎有些不公平。然而，生命就是一場冒險，我們在其中探索各種可能性，進行著各種試驗。人類的文明目前正處於發展的初期。在這個階段，每一個選擇投生人世的靈魂事先都知道世上會有醜陋的事發生（有部分是我們因自身的誤解而無心地顯化了某些事物）。然而，我們也知道我們是在一個充滿了美與各種可能性，因著愛而存在的世界，而且我們有能力改變大部分我們不喜歡的情況。此外，我們也知道我們將毫髮無傷地「回家」，並且因

為我們在人世的歷練而變得更加豐富。無論在瞬息萬變的時空幻相裡發生了什麼，永恆仍然在召喚著我們。

當你為自己生命中的所有事情負起責任，你就重拾了你的力量。你不再相信是別人、命運或上帝來決定你遇到的事。你不再是受害者。你開始依自己的意願和主張生活。

█ 生命的功課

所有的夢想都有內建的挑戰，若非如此，你早已擁有你想要的事物，並且不再有任何夢想。夢想與挑戰是共存的，但我們只有在開始朝夢想前進之後才會遇到挑戰。舉例來說，你可能會在找到自己夢寐以求的工作後，才發現工作內容需要公開演說；當你和你的羅密歐住在一起後，你才發現他還沒準備好；想寫一本書，卻發現當作家必須具備許多條件。但你之所以有朝一日能夠成為你心目中的那個你，部分原因就是因為你的夢想；它們在道路的前方召喚著你。你只有在踏上了那條路，才會明白為了實現夢想所必須付

出的「代價」。如果你想，你可以把它們視為你必須通過的試煉，但這些試煉不是上帝給的，而是因為你的舊想法（導致你成為今天的你的那些想法）和新思維（使你的夢想實現的想法）同時並存所導致的衝擊碰撞與矛盾。

當你能夠更仔細地審視思考時，你將發現你所遇到的挑戰會讓你明白你的想法和信念有哪些地方需要釐清。在你進化的各個階段，每當你準備好要踏出下一步，就會有相應的障礙在等著你。這是人類進化運作的方式。你的夢想並非偶然，而是你為自己量身所打造，為的是帶引你踏上旅程，使你學到你想學習的事物。也許你並未意識到，但這個方法非常有效。夢想的意義就在於它們位於你無法觸及之處，因此你必須努力去觸及！

我多麼希望你永遠不必承受心碎的痛苦，永遠不必知道被人輕視的滋味、永遠不會感到失落、覺得自己沒有價值、不夠好等等這些難受的情緒。然而，當我回顧我的生命歷程，我意識到：我若當初不曾受到這些委屈，也就不會成為今天的我。我今天之所以能

有些許靈性的洞見和情感上的智慧，完全是因為我曾經遭受挫敗、傷心和羞辱。這些傷痕讓我後來對生命探索的洞悉得到大眾的歡迎，這些傷痕也使我成為充滿愛與信心的人，這是我以前所無法想像的。

　　未來的你難免會遇到情緒上的痛苦，而到時我的難過絕對不會亞於你，但逃避不是辦法，唯有學習從痛苦中復原、成長並活得精彩才是答案。我希望能透過接下來的分享幫上你。這一章講的就是如何以不同的角度來看待挫折與困難，幫助你善用來自逆境的禮物。記得，無論我們過去的失敗多微小或重大，都減損不了靈魂永恆的光彩。

· · ·

真心愛你。

向來，那些對你不受用的事物，

到頭來都會對你有用。

你之所以選擇來到**這一世**，

並不是因為你認為你今生不會遇到挑戰。

事實上，你之所以做此選擇，

主要就是因為你想要有這些挑戰。

當你遇到麻煩、困難或痛苦的事情，

請想想它讓哪些原本不可能的事變得**可能**。

這時你會發現它之所以發生的原因

（至少一部分原因）。

當你走在通往開悟的道路，你必須：

為你的快樂負起完全的責任，

也為你的不快樂負起**完全的責任**。

殺死猛獸、移山和穿越深谷，

都是一種**勝利**。

了解那猛獸、高山和深谷都是你自己的安排，

則是另一種不同的勝利。

如果不是因為你所遭遇的那些挑戰、困難和問題，

你如何知道你還有一些錯誤的知見？

每一個「不」都代表「還沒」。

每一次挫折都代表「還有**更好**的」。

每一次失去都代表「後面會有更多收穫」。

每一次失望都代表「即將來臨的驚喜」。

當一扇門關上時，不是只有**另一扇門**開啟。

事實上，當一扇門關上時，唱詩班會開始歌詠，
交響樂團會開始演奏，號角聲會開始響起，
不可能的事情也會發生，
同時，會有另外一萬扇門為你**開啟**。

指出你的「問題」所在並不是別人的**責任**，
而且大多數人也不會這麼做
（這跟一般人以為的不同）。
這意味在這樣的事上，你只能靠你自己。

你現在的地位和成就與**真正的你**無關。

你活著並不是為了面臨一個又一個障礙。
並不是你今天克服了問題，明天又非得有新的問題。
雖說永遠會有更多的東西要學習，
但隨著你變得更有智慧，
你將發現你的挑戰愈來愈少，

而且每一個都不難解決。

你將會感覺這些挑戰更像是**機會**，而非重擔。

你唯一有的真正問題，就是認為自己遇到了問題。

當你為了可能到來的不幸而未雨綢繆時，

你便造了一座橋，

但這座橋卻不是供你退卻之用，

而是讓不幸得以到來。

當你**意識到**你經歷的每一個困難

——磨破的膝蓋、失敗的交易或破碎的心——

最終都對你有利時，

你會發現你很難去抱怨任何事。

每一次的挑戰都是邀請，
邀你前往你不曾聽說的一個**更快樂**的地方。

挫折、延誤和令人失望的事物，
就像曼波、探戈和恰恰的舞步。
如果你研究舞步，卻不知道它們組成一支舞，
這些舞步將變得毫無意義。
但當你看到全貌，它們就是一首動態的**詩**。

如果你的生命突然發生了一件事、出現了一個人
或一個出乎意料的好消息，使得一切變得更加得好，
那麼，這樣的情況極可能會再次發生，
並且**一而再、再而三**地重演。

開悟的對話裡永遠不該使用
「責備」、「受害者」或「過錯」這樣的字。

試著用「創造者」、「冒險者」或「女英雄」。

在經歷情感或身體上的痛苦時，
思考自己該如何從另一個角度看待生命是
靈性成熟的表現。
當事情已經非常順利，
思考自己該如何從另一個角度看待生命，
這是「靈性巨星」的表徵。

如果你沒有經常督促自己成長，
那就表示你有某個地方不明白。
而它終將使你失敗，引領你督促自己東山再起。
這個情況會一再重演，
直到你了解自己不明白的是什麼為止。
但如果你認為自己什麼都明白了，
卻仍持續地督促自己，
那麼上述一切都可以避免。

你生來不是為了忍受那些讓你不愉快的事，

而是為了**改變**它們。

如果你生氣了，

那幾乎都是因為你已經**沈默太久**。

但生氣不但不能解決問題，

反而會在你最需要用到頭腦和心的時候，

讓你無法思考並使你的心變冷。

通常令你生氣的那個人，能夠讓你學到最多。

雖然他（們）所做的事或所說的話並**不必然**是對的。

在你生命的盡頭，讓你最回味的

不會是「早餐吃蛋糕」、「下午還穿著睡衣」、

「他愛我」這樣的時刻，

而是你重新振作、

面對恐懼以及「我愛他」那樣的時刻。

有時你必須走開，才能靠近。

必須放下，才能擁有。

必須靜止，才能前行。

必須付出，才能收到。

必須哭泣，才能喜悅。

必須假裝，才能成真。

而有時候，你必須先決定去**感受**他們的愛，

才會發現那份愛**一直**都在。

挫敗不會把你毀掉，

除非你認為它們會永遠持續下去。

但它們**從來不會**一直持續下去。

你所經歷的一切將決定你會成為怎樣的人。
但無論你經歷過什麼，總有一天你會清醒，
並因著生命的現狀而感到無比喜悅，
以致你絕不會願意改變你的任何過往。

關於過去，人們最大的誤解便是認為
它會對未來有負面影響，會減損未來。
正好相反，
過去只會讓未來具有更多的可能性。

雖然你現在可能還無法理解，
但請思考：
就最深的層面而言，
所有的痛苦都是自己造成的。

當你懂了這句話，

你會發現這真是一個**大好消息**。

如果人們知道自己會變得極度迷惘、心碎，
甚至因此希望自己不曾出生，
他們應該都不會選擇這趟歷險。
但如果他們也知道，正是因為那些迷惘混亂的時刻，
他們將能更快找到自己、陷入熱戀，
並從此過著幸福快樂的生活，

他們**一定**都會選擇這場冒險。

找到路的唯一方法是先迷路。
要做大事，先從小處著手。
要墜入愛河，須先感受不到愛。

因此，如果你感到迷失、卑微，沒有人愛……
這表示你已經許下大膽的「宏願」，
而且顯化的過程**已經**開始。

在機會渺茫下達成目標、面對危險而獲得成功、
在逆境中取得勝利；
世上很少有比這些更光榮、更令人喜悅的事了。

然而，在所有這些光榮和令人喜悅的成就過程中，
毫無例外的，
總是會**先**經歷渺茫的機會、遭遇危險和逆境。

經常談論某件讓你困擾的事顯然意味著，
你還得學習如何讓自己得到**自由**。

在這個只有奇蹟的世上，如果你相信詛咒與祝福，
那麼今日詛咒你的，明天將會祝福你。

也可以這麼說：
在任何一個日子裡，你所面臨的挑戰愈多，

你接下來**手舞足蹈**、
擊掌慶祝的次數就會愈多。

縱使你不明白自己是如何陷入困境，
你也有辦**法脫離**。

你不一定可以看出生命的秩序，
尤其是在面臨危機或深陷失望之時，
但你永遠能夠推斷出其中**必然**有著秩序……
而且這個秩序無所不在。

當你覺得一切都糟透了時，
很可能正是你要開始活出你生命中
最精彩篇章的時候。

若犯了錯，最好儘快坦承並彌補，
因為總有一天，你非得這麼做不可。
而到了那一天，你將發現：
比起等著別人發現你的過錯，
自己主動說出要好得多。

與其說悲傷、恐懼和絕望是情緒的狀態，
不如說它們是人們所做的**決定**──
決定把自己看得比真實的自己微小。

當你感到快樂，尤其是非常快樂時，
一切看起來就像是你一直都很快樂，
而且以後也會這麼快樂下去。
當你悲傷、孤獨、沮喪、破產、
生病或害怕時，也是如此。

這表示在任何時候，
你所選擇的感受都會影響你對自己人生的感受。

你之所以會失望，和你所處的情境無關，
而是和你看事情的**角度**有關。

只要你**改變**對事物優先順序的看法，
你的感受就會在一瞬間改變。

無論有什麼事情困擾你，你都要知道：
它之所以會是困擾是在於**你**。

別人之所以認為他們需要你，
是因為他們還不相信自己有足夠的能力
得到他們想要的。
於是他們便**假裝**那把鑰匙在你手上。
或許有時候，你對別人可能也有類似的想法。

練習用靈性的眼睛看待一切，
你將發現：
每個劣勢都能化為優勢，
每個敵人都能變為朋友，
每個重擔都能讓你長出**翅膀**。

當你在追求一個崇高而美好的夢想時，
如果你突然轉了彎，
看到前面有座峭壁聳立、岩石嶙峋、
看似無法穿越的高山，
請把它想成是個徵兆，
它象徵你的夢想遠比你原先所想的更值得追尋。

出自恐懼的行為，幾乎都是錯的，
除非你正在被一群牛羚追逐。

出自愛的行為，則幾乎都是對的，
而且通常很有**彈性**。

無論恐懼是如何不足取，
它往往出現在最適合的時間和地點，
當你正在做你「應該」在做的事的時候，
為的是讓你能學到最多。

下次你遇見恐懼時，問問它：
「我可以如何利用你？
我可以從你這裡可以學到什麼？」

看看自己害怕什麼，就會知道你能夠在哪裡成長。

你生命裡遇到的凶猛獅子、老虎和大熊，

其實只是天使、仙子和獨角獸。

它們喬裝打扮，從別的世界跟著你來到這裡，

在你忘記自己是在**做夢**時，

戳戳你、嚇嚇你，使你清醒。

當你看到令你痛苦、悲傷、心痛的事情時，

請記得：你**看到的**並非全貌。

關於那些讓你非常痛苦和驚愕的事，

如果你想得夠**深**，

你終將從中發現無比的**喜悅**與光明。

我們所生活的這個世界其實很小。

如果你能保持這樣的觀點，

你將會驚喜的發現你的挑戰也變小了。

要改變令人不愉快的情況，
你所能採取的第一步就是，
不要再老想著它們。

要對付令人困擾的過往，
最好的方法就是**活在當下**。

在你「最悽慘的日子」裡，最低潮的時候，
遇到最棘手的狀況時，
請相信：你必將反彈，並躍上前所未見的高峰。

如果你發現自己坐在黑暗裡，
然後決定要坐在有光的地方，
別忘了，你最初邁出的那幾步
必定仍是在黑暗裡。

放下過往其實比緊捉著不放更容易。

況且，這也是讓新事物更快到來的方法。

一旦你發現

無論情況變得如何不同，

你所得到的愛都不可能比現在更多，

未來的展望也不可能比現在更好，

你就會**比較容易**放下過往。

每當你**真心投入**一件事情，

無論你選擇的方向為何，

你生命中的一切都將自動配合，提供有利的條件，

給你一手好牌，做好各種準備，

讓你能寫下傳奇的一頁。

情感上的痛苦愈強烈，

表示你當初想要儘可能學習的渴望**愈強**。

在美的事物裡尋找真理。
在令人傷痛的事物裡尋找美。

每當你感到迷惑、矛盾或厭煩時，
請試著尋找更高的視角。
因為當你感到迷惑、矛盾或厭煩，
就表示你沒有從**更高的視角**觀看。

無論事情看似如何，
朋友永遠都離你不遠，
愛也一直都在。

你永遠不會失去什麼。

時間不會消失，

因為它已存在於你未來做決定的智慧裡。

金錢不會消失，

因為看似被用掉的錢只是被用來投資。

愛也不會消失，

因為看似已經消失的愛只是來到更靠近你的地方，

而你必須觀看你的內心**才能**找到。

世上沒有任何傷害不能被彌補，

沒有任何失誤不能被平衡，

沒有任何侵犯不能被更正，

沒有任何災難不能被修復。

有時，你可能會覺得自己的翅膀突然意外地折斷，

也許，也許，這時你如果**留在原地**，

可以學到更多。

不滿足、不完整，甚或不快樂的感受

往往能撒下**種子**，

讓重大的成就與轉變開始萌芽。

所謂「負起**責任**」並不意味：

你必須徹底了解你如何造成那些令人痛苦的事件，

你只要承認/認知到自己在其中扮演了

某種角色就可以了。

它也不表示非得寬恕過往或現在的過錯，

或你不該為自己辯解、說出心聲、

抗議、表達、指控、

提出訴訟或警告他人。

也不表示你應該受到責備，或那是你的錯。

你是充滿愛與喜悅的古老格鬥士。

當你選擇來到這一世的時候，

你清楚知道自己在做什麼。

那麼，請想想：
如此輝煌尊貴、熱愛生命的你
是否有可能**不願意**在每一場冒險中太過安逸？
是否偶爾也可能想要**接受挑戰**？

是否有時會為了不讓他人痛苦而自願置身險境？
是否會想要看看自己可以實現些什麼或承受些什麼？
能夠多深刻地愛與被愛？

你愈是為自己過去的一切負起責任，
你就愈有能力**改變**未來的一切。

萬一有一天，你莫名其妙的覺得有些失望，
或發現自己有些憂慮地納悶：
「為什麼花這麼多時間呢？」
請明瞭，所有靈性超過預期的人都是如此。

要避免失望與沮喪，最容易的方式就是：

絕對**不要認為**你的快樂

取決於地球時空的事物與事件。

但這並非暗示你不能改變地球時空的事物與事件。

情緒上的痛苦只是真理在敲著一扇**關閉**許久的門。

如果你相信「結局」這回事，

那麼每一個故事都有一個**開心**的結局，

不是在這世，就是在來世。

光是這點，再加上生命的諸般光彩，

就使得那些短暫的痛苦和憂傷

百分之百的「**值得**」。

當你記起你現在的生命並非實相時，

你就能忍受那些極其黑暗的時光；

人世只不過是個虛幻的世界，

在這裡，天使要經過一番努力才能長出翅膀。

在此同時，在「老家」的某處，

你正溫暖、舒適、安詳地睡在上帝的手掌心，

被一群老友圍繞。

他們都迫不及待地等著你醒來，

要聽你訴說你今生的經歷。

一旦每個人都輪過了一回，

你們就會淘氣地看著彼此，

同時耳語著：

「讓我們……再……回……去吧！」

第四章

想像力、夢想、一次一小步

　　在我著手撰寫這本書的那個夏天，不知道有多少個星期，我們每天晚上都會進行同樣的戰役，但每次的情節都會有些變化。你扮演的是我們最喜歡的迪士尼電影《海洋奇緣》（Moana）的女主角莫娜，你和你的隱形家人住在我們游泳池較淺的那端。我則扮演另一個角色毛伊。你的家人都喜歡並接納我。我們兩人會一起乘坐那艘厚厚的藍色充氣船，越過波濤洶湧的大海，前往游泳池較深的那一端（那裡的池壁上嵌著一張長椅）。一路上我們得躲避兇殘的「可可怪海盜」的攻擊。每次我們上路不久，火山魔女帖卡（她和那

些海盜也都是隱形的人物）就會仰起頭，朝著我們丟擲大塊的流動火山熔岩，引得你大聲尖叫。我也會跟著一起喊叫。我們在露台的擴音機所播放的電影配樂聲中全力反擊。當我們取得勝利，抵達泳池的另一端後，你就會見到我的家人，他們也都愛你和接納你。接著我們兩個會一起乘船回到你家人身邊。在那幾個月裡，我們每個晚上都這麼玩。

那部電影真是精彩，好一個難忘的夏天！我們沉醉在這種模仿人生、也模仿藝術的遊戲。《海洋奇緣》這部電影的編劇出色地描繪了海洋的魔法，這樣的魔法也正是我一直以來在教導那些大人的東西，只不過我告訴他們這種魔法在陸地上也能發揮作用。這個魔法為了我們存在。你應該試著運用。它有智慧，是你的朋友，它渴望能幫助你幫上你自己。

《海洋奇緣》的故事從頭到尾一再暗示一個事實：「魔法」只有在以下的情況才幫得上莫娜：

1. 她必須要有夢想（一個明確的憧憬、需要或目標）。

2. 她要很在意她的夢想（因為她如果不在意，她

和她的夢想都將消失）。

3. 無論她的力量多微小，她都必須率先採取行動。

為了拯救她所居住的島嶼、找到毛伊和尋回塔菲緹的翡翠之心，她一再航向海洋。表面上看來，在那廣闊無垠的大海中，像她這般柔弱的小人兒似乎不可能產生什麼作用。但由於她採取了行動，展現了她的信念與期待，於是海洋便有了回應。它開始活躍起來，並且讓她的努力得到了幾何級數的效果。

這是生命中關於顯化的最大祕密：當你有了熱切的夢想，你除了要將它放在心上，也必須採取行動。即使你不知道該從何著手，即使希望似乎非常渺茫，即使你不知道你所採取的那些小小步驟是否能夠發揮作用，你還是必須有所行動。

擁有一個目標很容易，將它放在心上通常也不難，但要在成功的機會看似極其渺茫的情況下採取行動，卻必須具備「超級英雄」的勇氣，而唯有採取行動，才能啟動生命的魔法。你也必須承擔風險，否則不可能會有收穫。因此，你必須定期且持續地朝著你

的夢想的方向做點什麼，無論什麼都可以。而後，在你最意想不到時，那神奇的改變之風就會開始吹起。

回想那年，當天氣太冷，我們無法在泳池裡游泳時，你就會發揮你那強大的想像力，想出各種遊戲來玩。有幾個晚上，你在洗澡時扮演彩虹小貓，一進入水裡便彷彿有魔法似地可以呈現出各種顏色。有幾個晚上，我們用一些兒童用的彩色顏料把車庫裡的鋁梯漆成有著美麗花朵圖案的粉紅色梯子。我沒有問你那座梯子要通往哪裡，因為說真的，一旦你有了一個花朵圖案的粉紅色梯子，它通往哪裡又有什麼重要呢？

這些遊戲都是你想出來的故事。我只是個有幸和你共同演出的幸運傢伙。此刻，當我讚嘆著我們那足以贏得奧斯卡金像獎的演出時，我很驚訝的發現，我們所進行的冒險大概有百分之九十七都是發生在我們的心裡。然後，我更驚訝的發現：我們這一生無論年紀多大、無論做什麼，大約都是這個比率。

無論我們渴望什麼、害怕什麼、有怎樣的夢想、如何準備、如何回應、承受什麼或是決定什麼，這一切幾乎都是我們的心理活動，是在我們的心理層面發

生。即使我們每天從事辛勤的身體勞動，但根據我所做的不那麼科學的估計，我們在心裡所進行的規劃、準備以及過程中的情緒起伏，仍然至少佔了經驗裡百分之九十七的比例。不是嗎？

因此，以下是我的建議。由於你很小就很擅長生命的「內心戲」，你這一生（那顯現在時空中的一小部分）將會過得輕鬆容易。你要發揮並完善你的想像力，勇於做夢、參與、假裝，並採取行動。你要對未來充滿熱情與期待，培養足夠的自信，相信自己和你的生命旅程，也培養耐心和毅力，讓自己在挫敗後能夠復原。創造機會，讓生命的魔法發生在你身上並轉化你。

想像力就是生命。在你成長期間，你的想像力將會發揮很大的用處，尤其是在你知道自己在做什麼的時候。如果你能保持忠於自己，並學會排除來自他人的雜音，繼續相信魔法、想像和假裝的力量，你的想像力一定會為你帶來奇蹟。不要放棄你那些隱形的朋友。做個讓人無法預期，甚至有些不理性的人；做一個自由隨興的人。做一個夢想家。

也許有人會告訴你:「人生很辛苦」、「我們來到人世是為了接受考驗」、「適者生存,成功是屬於辛勤工作和運氣好的人」、「機會只敲一次門」或「早起的鳥兒有蟲吃」等等。無論他們有多麼關心你,不必把這些話放心上。

也還好,真相很難被掩蓋。人們雖然心中有這麼多的恐懼,並且相信他們受到許多限制,奇怪的是,他們的態度仍然非常樂觀。我們的寓言和傳說講述的都是人們**實現**夢想的故事。現在科學界也告訴我們正面思考是有能量的。運動員被鼓勵要練習觀想;在《祕密》裡,我們也談到宇宙的吸引力法則。此外,過去這二十年來,我也一直告訴大家:我們的想法真的會成為我們生活裡發生的事,即所謂思想成為實物。

讓我再次重複這本書最重要的觀念之一:「要創造實相,你必須先有想法。」我在這一章將補充第二章的說法,更具體地談到如何使夢想成真,如何瞄準目標和規劃行動。

．．．

想像吧……！

在地球這個時空，

我們以為自己欠缺愛、友誼與財富，

於是一意追求；

我們也以為自己有著種種困難、挑戰與問題，

於是終日憂慮，

直到有一天，我們發現，

我們所「以為」的都是因為我們的思想而成真。

要在人世建造一座宅邸，

無論材料是灰泥、黃金或友誼，

你都要把**想像力**當作藍圖，

將**渴望**視為資金，把**信心**當成建築師，

並且用**行動**來證明這幾項元素已經就緒。

想要改變生命，讓自己找到夢想的工作，

最快的方式就是

把你目前的工作**當成**你夢想中的工作來做。

對住的地方、朋友、每一天、生命或一雙草編鞋……

也用一樣的態度。

如果你經常開懷燦笑，

你將更有機會陷入熱戀、加薪升遷、

延長壽命並燃燒脂肪。

這是我們的牙醫、

醫師和財務規劃師所無法**理解**的。

微笑或大笑的最好理由之一

就是不需要任何理由。

況且，**無論**你是微笑或大笑，

都會召喚出新的情境，

讓你以後有一個又一個微笑或大笑的理由。

要把新事物帶進你的生命，

歸根究柢就是這麼一件事：

學習**想像**自己擁有它們的樣子。

想移除你生命中的某些事物時,也是如此。

永遠要帶著感恩的心情談論過去。
懷著興奮的心情談論未來。
談到現在時,**眉飛色舞**,開懷地笑。

如果有人問你是否開悟,
你都要回:「是的!」
同樣的,如果他們問你是否健康、富裕,
並**超乎想像**的被愛,
你也要這麼回答。

當你沒有把握或有疑慮時,
少思考,多感受,再問一次,
表達謝意,期待最好的結果,感恩一切,

永不放棄，製造歡樂，帶頭努力，
發明創新，重新振作，眨眨眼，冷靜，微笑，
彷彿你的成功是**必然**的，
那麼，你一定會成功。

每一筆財富、每一次東山再起或每個親吻，
最初都是一個念頭、一聲低語、一個夢想。
想像力的訣竅便是**記得使用**。

練習**創造性**的觀想，
能使你花最少的力氣，得到最大的成果。
每天練習觀想（週末可以放假），
每次**只要**幾分鐘，
帶著感情觀想你夢想中的成果，
彷彿它已然發生，
並想像**你**置身其中，開懷地笑，
頰上有**快樂**的淚水滑落。

如果你觀想或靜坐得夠久，
久到讓你開始懷疑自己做得到底對不對，
那你就做對了，
而且還**超前**很多。

有一個祕訣可以幫助你過著夢想中的生活：
立刻開始**儘可能**地過那樣的生活，
無論能力多微薄。
如果你不能到遠方旅行，就到較近的地方。
如果你不能到外面吃飯，就吃些甜點。
如果沒有人和你同遊，你就是自己的旅伴。

營造奇蹟的祕訣在於：
1. 知道自己想要什麼樣的結果。
2. **不**知道你會如何做到。
3. 但無論如何，還是繼續**進行**。

萬一你需要一個奇蹟，

那你絕不要想著那個奇蹟，

你要想的是：它帶來的**結果**。

小鴨子總是要等到鴨媽媽動身時才會排好隊。

要讓你的鴨子排隊，就用同樣的方法。

在一趟旅程中，

最前面的幾步很少會跟最後面的幾步一樣，

無論是在方向、速度或步態。

這意味那些並不是那麼重要，

重要的是你到底有沒有**踏出**你的**腳步**。

通常，你只要開始「跳舞」，「音樂」就會響起，

然後舞伴、
一個盛大的迪斯可舞會以及你所需要的一切，
就會一一出現。
這是因為，
唯有在你踏上旅程之後，
你要完成旅程所需的資源才會一一到位。

靈感很奇怪。
它通常是在你**展開**一趟
新的旅程**之後**（而非之前），
才會到來。

當剛開始一趟新的旅程，感到脆弱是正常的，
畢竟你會承擔風險，很可能經歷損失。
然而事實卻是：在你失去的時候，
就是你這趟旅程獲得最多的時候。

不要因為目標太過崇高而不敢開始。

很少人能夠在明天就直接攀登聖母峰，

但每個人都可以從現在就**開始**準備。

過去，只要你開始行動，就陸續會有外力相助。

下次，當你即將展開新的冒險旅程，

感覺不知所措時，

請**記得**這點。

大多數偉大的創意最初看來都沒什麼了不起。

因此，留心那些看起來不怎麼樣的構想。

在真正偉大的事情發生前，

先做那些沒什麼了不起的事，

因為對那些有遠大夢想的人而言，

沒什麼了不起的事永遠會使真正偉大的事發生。

能夠改變這個世界的偉大創見非常多，
但能夠一次一小步地**朝向實現想法**的人卻很少。

縱使你的夢想遠大，也可以從小處做起，
——況且你很可能也**必須**如此。

許多人不願跨出小小的一步，真正的原因在於
他們以為那些步伐所涵蓋的距離有限；
他們不知道每一小步都會在那不可見的領域裡
引發跳躍式的進展。

生命的魔法不能取代人際網絡、社交、工作上的準備
或是對陌生客戶的行銷。
相反的，這些是生命魔法最大的孵化器。

不要害怕去做了無新意或平淡無奇的事。

並非所有奇蹟都隱藏在那看不見的地方。

有些就在你的**身邊**，等著你去致電、寫信或拜訪。

寧可愛了而失落，試了而挫敗，有夢想但無法達成，

也不要在恐懼中坐視機會溜走。

因為失落、挫折和失敗只是一時，

然而愛、**冒險**和夢想卻會給你無盡的紅利。

你如果還給得起，就不可能會失去。

如果不停止努力，就不可能會失敗。

如果你仍舊對準你的目標，就不可能會錯過。

當大多數人望著地平線，

期待夢想中的船隻出現時，

他們都忘了一件事：

這樣的船隻從來不是從外面航行進來，

而是在我們腳下的土地上**打造**出來。

想要知道你實現夢想的進度，可以做個小測試：

問問自己，你是否每天都朝著這個方向**做**點什麼。

無論你所做的努力如何微不足道，
只要持續不斷，
便足以引發奇蹟、揚起風帆、化平凡為神奇、
扭轉趨勢、建立信心、結交朋友、增進健康、
燃燒脂肪、創造財富、釐清想法、
培養勇氣、轉動世界，並且，改寫**命運**。

機會從來不會停止敲門。
你也不該停止。

無論早起或晚起，
每隻鳥兒一定會有足夠的蟲子可吃。
重點是你得**露面**才行。

夢想遠大，行動躡手躡腳，
也是徒然。

夢想是否會實現，不是取決於它的大小，
而是取決於你的**行動**程度。

有時，辛苦的方式才是真正輕鬆的方式，
緩慢的方式才是**真正快速**的方式。
但如果你一直在等待快速、輕鬆的方式，
你將永遠**無法**體會前者帶來的無比驚喜。

學習，練習，做準備。

勤於思考，勇於行動，面對恐懼。

願意努力，願意付出代價，

該跳舞時就跳舞，該過火時就過火，

耐心等候。

你**預期**夢想實現後所得到的快樂，

比起夢想實現後你**實際感受**到的快樂，

預期的快樂根本相形失色。

無論如何，它仍然**值得**你去想像。

你愈是不時地、溫和地、一點一點地，

把自己推進不舒服的地方，

以後你在那些地方就會愈來愈舒服。

反之亦然。

不要放棄「頭腦」、「邏輯」和「常識」這些工具，
但要把它們和你的**感受、信心**與**想像力**結合。

逃避某樣事物只會**吸引**它更接近你。

為自己辯解會是件沒完沒了的工作。

而為那些**可能**永遠不會發生的事情憂慮，
反而增加了它們發生的可能性。

千萬不要忘了，所有你夢想要擁有的事物
遠比你**已經**擁有的要來得少。

你可以為自己設下一個顯化事物的期限，
例如把「每個月寫一章」當成方針或目標，
但不要為宇宙和它的魔法設定**期限**，
像是，「在年底前找到一家出版社」。

因為你看不見宇宙為了使你的夢想實現
也不致使你的其他願望受限或犧牲他人的夢想，
而需做的**精密**規劃。

要把一件事情做得非常、非常好，
最大也最不為人知的訣竅就是：
感謝自己有機會可以去做它。

照**自己的**方式去做吧，
那是你之所以來到時空叢林的原因。

無論在任何時候或任何情況，
你都應該假定你夠好、夠有價值、夠可愛，
而且你是在對的時間來到對的地方
以便過著你想要的人生。
要不，你最初就不會有這些夢想了。

有時候，當你是單身一人時，

當你在尋找工作，或是感到迷惑時，

你所學到的有關人生、愛情與幸福的領悟，

會遠比你在擁有伴侶時、在有工作時，

或感覺清醒時來得多。

這並非意味你不該尋求改變（如果你想改變的話），

而是意味：如果你能允許自己接受現狀，不去抗拒，

並學習你該學習的，

你所夢想的**轉變**將更快速地發生。

當你不知道下一步該做什麼時，

很可能是因為你做的**已經**比你自己認為的更多。

該是放鬆一下的時候了。

當你面臨兩個或是更多選擇而舉棋不定時，

那個最能讓你安心的答案**往往**
……**尚未**出現。

要求，同時也懷抱著期待。
臣服，同時也做好準備。
然後就會有許多**奇蹟**發生。

要得到你真正想要的，
唯一的方式就是知道你真正想要什麼。
要知道你真正想要什麼，
唯一的方式就是**了解**你自己。
要了解你自己，
唯一的方式就是**做自己**。
要做自己，
唯一的方式就是**聆聽**你的心。

如果你享受眼前的歡樂，卻犧牲了未來的夢想，

那就像是為了追求未來的夢想，
卻犧牲了眼前的歡樂一樣瘋狂。
夢想與**歡樂**都很重要。

當你感到不耐煩時，就表示你當下已經短暫忘記
要隨時表現得彷彿你的夢想**已經**實現一般。

你愈**倉促**，就走得愈慢。
愈是等待，花的時間就**愈久**。

縱使夢想如何超凡遠大，
在它們實現之前，你還是可以非常地**快樂**。

有時候，事情所花的時間比你預期得久。
那只是你的**高我**在提醒你：

你擁有的時間比你想像得更多，

而且，請**享受**你的旅程。

從A地到B地——

或是從今天到你夢想中的生活——的**最短**距離

便是透過喜悅。

讓**喜悅**引導你前進。

當你在時空叢林待得夠久，

你必然會學到，大師之所以成為大師，

是透過「**堅持**」與「**耐心**」這兩個途徑。

堅持是無價之寶，

但它的價值在於**持續的行動**，而非持續的等待。

所謂「堅持」，

不是一直敲著一扇門，直到它打開為止，

而是不斷敲著所有的門，**直到**有一扇門打開。

每當你花錢或投資時，
無論多少，無論明智與否，
都要記得慶祝，
因為你正在**創造**機會、交換能量、與生命共舞、
促進經濟、供養家人、減輕貧窮、展現勇氣、
認可他人、消滅恐懼、召喚魔法，
並提升人類邁向**光明**。

其實，創造財富甚至比使用財富更有趣。
所以，除了夢想**使用**財富，也要夢想**創造**財富。

顯化金錢的最好方式就跟顯化愛情一樣：
把重點放在**把生活過好**，
而不是把重點放在金錢或愛情，
因為這兩者都是你把生活過好時的**附帶**好處。

想著錢並不會讓你變得富有，
但用有錢人的方式思考則能讓你賺到錢。

真正特別的人，不只在奢華優渥、朋友環繞、
充滿歡笑與眾多選擇的環境能找到真實的快樂。
這樣的人就算沒有以上種種，而是獨自一人，
也許只是有本書或一些工具或一隻狗，
也能同樣快樂。

白手起家的百萬富翁總是花**較多**的時間思考收入，
而非支出。
他們也可能花較多的時間想到客戶，而非廠商；
想到**可能性**，而非風險；
想到**微笑**，而非皺起的眉頭；
想到選擇，而非承諾；
想到假期，而非加班；

想到繞路，而非挫敗；
想到機會，而非障礙。

喜愛物質並沒有什麼不好；因為物質是純粹的精神，
因為你經常想到它，它才有了「生命」。

想要找到自己、交到朋友、賺一筆錢，
並且發現自己的力量，
最萬無一失的方法，就是幫助別人這麼做。

自助的最高形式之一就是**助人**。

真正的自私
是尊重上帝在你內在的獨特表現方式。
這會確保當神性的風吹過你的**心**時，

它發出的旋律將**與眾不同**。

只在意自己，不關心別人並不是自私，而是無知。

因為我們若要過得好，多少都要依賴全體。

我們當中若有任何一人受苦，**整體**都會受苦。

要開始有意識的生活，

第一步便是想像你的夢想都已經**實現**。

轉換模式，不要回頭，

成為那個你一直夢想成為的人，

表現得彷彿你的夢想已是事實，而非幻相。

以這樣的心態生活，

以這樣的觀點來思考、說話、做決定。

無論走路、穿衣或休閒，都依照你夢想中的樣子。

通常，在時空裡，

遠大的夢想要實現之前，一切都看似平靜。

因此，如果你的生活看似平靜無波

什麼事也沒有發生，

尤其是在你有了遠大的夢想並採取了行動之後……

請把它當成……

一個**徵兆**。

關於如何過著你夢想中的生活，

我所能告訴你的**最**重要的事可能就是：

你**已經**在過你夢想中的生活了。

第五章

從友誼、親情與
愛情中充分學習

　　你應該不記得這件事了，當時你才兩歲。那天我們在兒童公園玩著「模仿領袖」的遊戲，兩個人都搶著要當領袖。這時，突然有個身高和你差不多的小男孩走了過來，我們暫停下來。你盯著他看了一會兒，接著又看看我、看看他，然後以一種滿懷期待但沒有惡意的語調問我：「爹地，你可以讓他消失嗎？」

　　又一次，那是在過了幾個月後的同一個公園，你看到兩個比你稍微大一些的女孩帶著洋娃娃和鏟子坐在排球場的沙地上聊天。你怯生生地走了過去。這是

你第一次主動要去認識新朋友。

　　我看著你走近她們，揚起眉毛，準備和她們打招呼。我猜你大概會說：「我叫蕾貝佳，那位是我爸爸。」因為你在遇到陌生人時通常都是這麼介紹自己……突然間，其中一位小女孩轉頭看著你，大聲對你說道：「你不要過來！你走開！」那瞬間，她們彷彿成了身懷武士刀的忍者，一出手就把你劈成了兩半。她那無禮的語言傷了你的心，也傷了我的心。那一剎那，我真希望你不明白她所說的意思，但她下達命令後便伸出手，指著一個方向，要你離開。

　　你愣住了，神情震驚而悲傷，臉上的笑意消失了，取而代之的是尷尬與難受。你站在那兒不知如何是好，連自己的名字也說不出來，你甚至也沒有向我哭喊，你試著保持鎮靜，但淚水卻不斷從你的眼眶湧出，我看到你深受打擊。直到我過去張開手擁抱你，你才倒在我的懷裡，哭得不能自已。你看起來心碎、痛苦、困惑、悲傷欲絕，任誰也安慰不了你。

　　我試著告訴你沒關係；她們不友善，不值得你感興趣；我們還有其他更好玩的事情可以做；生命還是

很美好；太陽仍舊在天上照耀，今天還沒過完……但你聽不見我說的話。我慌了，心想我還能做些什麼來幫助你忘卻這個可怕的回憶，撫平你心中的傷痕？

但令我驚訝的是：過了十五分鐘之後，你就沒事了。

儘管如此，我仍不免好奇，到了你十五歲、二十五歲，甚至年紀更大一些的時候，你還能那麼快復原嗎？如果你理解了世事，我想你也許可以（就算你仍允許自己因他人不可預測的行為而如此傷心的話）。這是因為當你明白了生命的本質，你就知道你不需要尋求他人的認可。你也會發現：無論別人說了什麼或做了什麼，都只反映他們自己的問題，而不是你的問題。你也將明白：在你生命道路中的任何一個階段所發生的事情並不等同於你；你不僅是你生命中所走過的道路。你是**超越**這一切的存在。當你了解生命的本質之後，你將比較能夠以我現在看你的眼光來看待你自己，而這會永遠提醒你：你是如何深深地被愛。

世間最能豐富你生命的莫過於你的人際關係，只是你會在什麼時候、以什麼方式、從什麼人那兒得到

什麼，就不見得是你可以預期的，而且你所得到的也不見得能符合你的期望。世上最能增強或削弱你力量的，莫過於你在愛中所學到的經驗。然而，到了最後，當你學會了把心敞開，允許自己脆弱時，你將發現那使你變得強大或軟弱的始終都是**你自己**。

當然，如果你允許，其他人可以對你產生影響。反過來說，他們也可能允許你影響他們的生命。無論如何，你要了解：所有進入我們生命的人，事先都經過了我們的同意。我們在遇到他們之前，早已知道他們可能會有什麼行動和行為。

也就是說，你雖然對生命裡發生的事擁有最終的決定權，但較聰明的作法之一，會是留意你吸引或允許了怎樣的人進入你生命歷險的旅程，以及你透過想法、言語和行動引發了他們怎樣的行為。

聽起來有些複雜，其實不然。你只要明白這點就夠了：**在你生命中出現的那些人都是為了讓你能顯化你所要顯化的事物，學到你該學的課題。**你對他們也是如此。你們是你的隊友，無論你們是否犯了錯，是

否相互激怒或傷害，你們仍然是因愛而相繫。今天，你們的需求、恐懼和渴望緊密相連，相容且互補，而明天……你們的想法也可能改變。

我在這一章將和你分享我這生所學到的關於愛、排拒、渴望、分享、失望、妥協、承諾，以及放下過去、向前邁進等經驗。無論你能聽進多少，我想未來你還是會不斷希望某類人出現在你的生命，某類人則最好消失，或期望他們表現出你比較喜歡的樣子。當然，他們對你也會有類似期待。

但無論何時，請記得你們彼此真正的身分：你們是志同道合、一起進行這趟浪漫的生命歷險的靈魂，是一群一同在人世的幻相中尋找真相、學習真實和真理的演員。你們要彼此榮耀，享受同志情誼，以「己所欲，施於人」的精神善待彼此並相互尊重。請了解，就如別人可能會因誤解而傷害你，同樣的，你也可能傷害他們。而且就如你希望別人能向你道歉或原諒你，他們也是一樣。

在此同時，無論你的生命中有多少人來來去去，請知道，我會永遠以某種形式守護著你，在你跌倒時

扶你一把，當你呼求時，派天使過去幫你，並且自始
至終愛著你。

． ． ．

你是最棒的！

你是被愛的！

如果**每一個人**都能知道自己擁有多少愛——
不僅來自「天上」，
也來自此刻在他們生命裡的那些人——
那麼世上的一切——無論是獨輪車、
摩天大樓或巨無霸噴射機——
都會被畫上許許多多小小的心型圖案。

如果某個東西讓你的眼睛不舒服，不要去看。
如果它讓你的耳朵不舒服，不要去聽。
如果它讓你心裡難受，傷害你的心，
就不要為它**找理由**。

在一開始，你冒著不會得到回報的風險付出愛。
但到了最後，你會發現，偉大的愛總會得到**回報**。

因為慷慨、耐心、愛與仁慈而犯錯，
不算是犯錯。

如果你真的能夠站在別人的立場，
聽他們所聽到的，看他們所看見的，
並感受他們所感受的，
你一定會納悶，他們到底是住在怎樣的**星球**。
你也會訝異他們所認定的「現實」和
你的有多麼不同。

而你以後也絕對不會那麼快地就論斷他人。

即使沒有伴侶**也能**快樂；
這是吸引伴侶的最快速方法。
如果你想要一個伴侶的話。

當你的光愈明亮，就愈能吸引**所有**事物……
包括蛾和蝴蝶。
這是必然的結果之一。

也就是在這時候，你開始學習要接受什麼，

要歡慶什麼，

又要讓哪些從你的身邊**飛過**。

除了你目前所擁有的關係之外，

世上沒有所謂的「**理想**」關係狀態。

你吸引某人進入你的生命，可能有許許多多的原因，

但絕對不是為了要**挑**他們的毛病。

防衛自己有時會引發他人的攻擊。

當遇到或看到難相處的人，這麼想也許會有幫助：

他們是在**提醒**你，

你過去可能也曾經讓別人有那樣的感受。

看到易怒的人，不妨這麼想：

他們所選擇的生命可能比你的更艱難。

當你想在別人身上、你的人際/情感關係、你自己，
以及你的人生旅程
找到對的、好的地方時，你**總是**可以找到。

如果你想找出不好的地方，也總是找得到。

你也許永遠不會了解「**他們的**」生命裡
發生了什麼事，
但你總是能夠知道自己的生活是怎麼回事。
把他們的缺點當成激勵，促使你**改進**自己的缺點。

有時候，
看起來生活最順遂的人反而有最艱辛的過往，

但他們並不被過去困住，
而是活在**當下**，夢想**未來**，
才有你今天看到的他們。

強者扶持弱者，富者扶持貧者，
健康的人扶持生病的人，
快樂的人扶持悲傷的人。
向來如此。

這可能是因為受助者曾經這麼承諾過，
當他們有能力時，他們**也要**幫助有需要的人。

每個人都有需要被扶持的時候，
當輪到你拉別人一把時，請記得這一點。

從別人的角度看事情會讓你的生命完全**改觀**。
這可能正是他們出現在你的生命裡的原因。

和別人在一起時，你會歡笑，也會哭泣，
當你獨自一人時，
你會明白自己為何歡笑、為何哭泣。

公平和理性會為你贏得他人的尊敬與仰慕，
但仁慈善良，會為你帶來所有人的愛。

當你帶著愛提出請求時，
對方的回覆可能會讓你驚訝。

當你帶著**愛**聆聽他人的請求時，
你的回覆可能會讓他們驚訝。

無論何時，無論何地，做**第一個**微笑的人。

人們經常會想：如果他們過去做了不同的選擇，
現在會是怎樣的光景。
但他們往往不明白，他們不可能會做出不同的選擇。

大多時候，當人們想著現況可以如何不同時，
多半是因為他們認為的過去跟
真正的過去並**不一樣**。
無論過去如何，你都該感到**高興**，
因為你還有**永恆**。

當某人對待你的方式不如你的預期，
通常是因為你一直發出**混雜**的訊號。

無論你做了什麼使他人失望或傷心的事，
永遠記得：你已經根據你當時所**知道**的，
盡力而為了。

當別人令你失望或傷心時，也是同樣道理。

當要選擇讓哪些人進入你的生活時，
除了其他特質之外，
務必要考量他們是否**樂於**迎接新的挑戰。

當你愈是感覺自己被愛所傷，
你愈可以確定那讓你受傷的**不是愛**，
而是你的自尊、恐懼，
或是你忘了自己有多麼地棒。

那些擁有良好關係的人並不都擅於處理關係。
那些為關係所苦的人也不見得都是拙於處理關係。

無論你想討好他人的渴望有多麼強烈，

不要讓它大於你**做自己**的渴望。

如果有人告訴你，
你的快樂比他們自己的快樂更重要，
不要相信。

當你**終於**明白這個時空人世是怎麼回事時，
你將會笑，你將會哭，
而且你將會非常感謝自己曾經如此**愛過**。

因為任何原因或是沒有理由地終結一段關係
並沒有任何**不靈性**，
只要你是**帶著愛**結束這段關係。

沒有人**欠**任何人。

無論他們是誰，無論他們做了什麼。

無論他們聲稱沒有你將**多麼**痛苦。

最不**值得**你愛的人

通常是最**需要**你的愛的人。

然而，在愛某些人的時候，

最好暫時跟他們保持距離。

幸好，**愛**不會因距離而有分別。

你的愛條件愈**少**，可觸及的範圍愈**廣**。

要根據什麼標準來愛你的敵人？

首先要知道的是：

關於愛這件事，不該有任何**標準**。

當你覺得你很難對某個人有愛時，
讓自己先從同情開始吧！

在這一生當中，
你的「**靈魂伴侶**」可能不會一直是同一個人，
而有時候，很**可能**就是你自己。

只和你喜歡的人
一起做你想做的事。

永遠要**聽從**並跟隨你的心，除非它已經碎了。
那麼你就必須引導它重新**回到愛**裡。

心永遠都不會大得難以修復，
也不會小得難以回彈，或是累得無法**再**愛。

當你必須選擇傷害人或被傷害、
欺騙人或被欺騙、侵犯人或被侵犯時，
永遠、永遠、**永遠**要選擇後者。
然後再試著了解你為何會在人生道路上
創造出需要做這樣選擇的時候。

無論情況看似如何，
無論你面對多少羞辱，無論對方如何不友善，
仁慈良善永遠會獲勝。

當某人談論一個你不熟悉的主題時，
你也許可以根據他們在跟你說到
你所熟悉主題時的內容
來判斷他們所說的話是否**誠實**和**正確**。

同樣的方法也**適用**於作家身上。

有時候，
期待某些人給你一個直截了當的回答並不可能。
這時你應該就知道答案了。

我們最好假定每個人若不是知道了真相，
就是**將會**知道真相，
因為事實便是如此。
他們已經知道，或是將會知道，

當你明白你之所以對別人的行為感到失望，
是因為他們（或**你自己**）的不成熟，
而非因為他們（或你自己）的不仁慈，
你就很難不在人生道路上一路聞著花香，
歡歡喜喜、蹦蹦跳跳。

當某人行為不當，
向來是因為他們忘了自己是多麼**有力量**，
忘了生命有多麼**美妙**，
或是忘了他們是如何地**被愛**。

此時此刻，有些人唯有你能觸及。
他們當中有些人選擇來到這一世，
是希望你會在他們的生命裡。

要和別人打交道的最好方式……
讓他們當那個「別人」吧；讓他們做自己。

你能為別人做的最有**幫助**的事情之一就是：
讓他們以**他們自己**的步調學習。

這也是你能為自己做的最有幫助的事之一。

唯一必須遵照你的標準生活的人就是**你**自己。
至於其他人，就放過他們吧！

要改變別人，最有效（但不保證有用）的方法就是：
改變你對他們的看法。

如果你不必改變別人也能一直愛他們，
那就**不要**改變他們吧。
因為你如果試著改變他們的某一點，
他們的**其他部分**也可能會改變。

無論是什麼人，
如果你想讓他/她留在你的生命裡，

那就去**了解**，而不是試圖去改變他/她。
這會讓他們更希望你留在他們的生命裡。

大致說來，人們如何**對待**你，
主要取決於你**如何**對待他們。

但在一對一的關係裡，這不見得永遠成立。

即使你預期某人會表現出他們最好的行為——
愛你、尊重你、善待你或注意你——
並做好了準備，他們也不見得會那麼做，
但機率將大大提高。

更棒的是，
如果你**不堅持**特定的行為來自特定的對象，
你在適當時間遇到另一個願意
這樣對你（甚至對你更好）的人的機率將會是
百分之百。

無論你做什麼，
都無法保證能讓**另一個人**幸福。

並不是人們在你身邊就會表現出**某種**樣子，
而是你的想法、信念和期待會吸引某類型的人與行為。

當你改變，你所吸引的人和他們的行為**就會**改變。

一句好話可以創造奇蹟、改變生命。
但當你忘了說出來，
或是沒有說出來，或時間不對時，
你的**善念**也具有同樣的效果。

善念不受時間與空間的限制
它們會徘徊停留、尋找並**找到**預期的受益人。

你對他人的**善意**與**善行**——
比如對他們微笑、讚美或幫助——
撒下了美、希望與愛的**種子**。
有一天，這些種子將長成一座壯觀的花園，
成為你的家園。

與其因為錯誤的信念，相信壞事會發生在好人身上
而放棄了自己的責任與力量，
不如接受在某層面上，基於某個原因，
你**選擇了**參與和他人之間的事件。
如此你便取回了你的**力量**。

就像親吻一般，
你要讓自己活得自然隨興、細膩體貼。

性向就像左撇子或右撇子。
它不是偶然發生，而是有其用意，
而且它只是你的一小部分。

人的**美麗**主要在於**心靈**，而非身體。

外表會變，美會**永存**。

有時，你從那些難相處的人身上所學到的
會比好相處的人**更多**。

無論你對某人的生命造成多重大的改變，
它永遠會小於你的生命因此而出現的變化。

衡量成功的指標：

看到多少微笑、聽到多少傻笑，握了幾雙手，

而不是賺了多少錢、趕上了多少期限、

減了多少體重。

認識並記住每個人好的特質。

有時候，

你要做的不是去尋找完美的朋友、伴侶或團體，

而是去發現你**已經**找到的朋友、伴侶或團體

有多麼完美。

無論你遇到誰，都是一個機會，

讓你可以找到**不同**的理由去愛人。

朋友之所以成為朋友，
是因為他們發現彼此間**共同**的地方。
敵人則是尚未**發現**共同之處的朋友。

任何人進入你的生命，你都可以從中學習。
他們的離開，也是。

也許你學到的是足夠的自信，能夠說出：
「我愛你，再見！」

如果你能看出別人內在的那個小女孩或小男孩，
你可能會發現：
他們之所以戴上面具，不是為了讓你害怕，
而是為了**隱藏**他們自身的**恐懼**。

有時候，
了解人們的恐懼有助你了解他們的痛苦與行為。

了解他們的恐懼，有時也有助你了解**自己的**恐懼。

下回有人讓你感到不舒服時，不妨這麼想：
「謝謝你讓我明白我已經開始依賴你了。」

下回有人不把你的意見當回事時，可以這麼想：
「沒關係的，我以前也是那樣。」

如果有人偷了你的東西，你可以這樣想：
「這沒什麼。**宇宙**會供應我……」

如果有人對你說謊，你可以這麼想：
「很遺憾你覺得你需要這樣做……」

如果有人侵犯了你的權益或干擾你，你可以這麼想：
「這都是為了我的**成長**和榮耀。」

如果有人對你不禮貌，你可以這麼想：
「親愛的，**開心點**，沒事的。」

如果有人評斷你，你可以這麼想：
「謝謝你告訴我你的看法。」

如果有人開著車飛快地從你旁邊經過，
你可以這麼想：
「小心，我的朋友，別讓**愛你的人**擔心。」

此外，下回有人帶著微笑和你打招呼時，
你也要報以微笑，彷彿你們在分享一個大**祕密**。

要想感受深沈的、翻天覆地的愛，
你可以從任何一個人開始。

對每一個人送上你的**愛**。
祝他們**平安**。願他們**快樂**。

每一個人，永永遠遠。

第六章

老靈魂知道的事

　　我不是一個「老靈魂」，但你可能是。當然，這只是種普遍的說法，指的是一個比較仁慈的人，比大多數人有耐性、更體貼，而且有智慧，很可能是因為人生的豐富歷練。有些人推測，這也許是來自許多回的人世經驗。

　　要知道一個小孩的靈魂年齡比較困難，因為你們不久前才待在「另一邊」，比我們更靠近「源頭」──所有人共同的來處。你們對世界的看法不像大人那麼複雜。我記得我的姪女，也就是你的堂姊，在你這個

年紀時曾經說的一句話。當她知道了死亡這回事，她思索了一會兒，然後突然說道：「媽咪，我知道我們死的時候會發生什麼事了！」

「什麼事？親愛的，我們死的時候會發生什麼事？」

「我們會恢復正常。」

我們現在距離正常的狀態已經很遠。然而，就像我之前所說，是我們自己選擇從那「正常的狀態」來到這裡的。在進入人世的幻相之前，我們曾是光輝燦爛的「上帝粒子」（God-particles），即便此刻身在人世，我們也可以推想當時的我們有多麼令人讚嘆。彼時，我們是輝煌榮耀、無時無刻無所不在的存有，憑著意念便可以改變一切，並且知道自己位於「上帝的手掌心」，沐浴在愛中，具有純粹的神性。只有一件事可以媲美，甚至超越這個境界，讓宇宙迸發出更大的可能性，那便是：自願離開那裡，來到這兒。

當然，這樣做是有條件的：要保證讓我們回到「正常狀態」。否則，誰願意離開那裡呢？

投生在人世卻自願忘卻自己的神性。我這小小的腦袋實在想不出宇宙間有比這更大膽、更了不起的事了。因為這樣一來，我們就得在迷失時，找到回家的路，在害怕時尋回自己的勇氣，在遭遇挑戰時重拾那屬於我們的無限力量。此外，我們還要設法戰勝大自然，要憑著強烈的渴望超脫自身的人性，還要看清那些迷惑我們的幻相，以便重登「天國的寶座」（我曾是天主教徒，喜歡這個壯觀盛大的詞）。

當然，最重要的一點，也是最深刻的真相便是：我們從未離開過我們的寶座，也一直保有純粹的神性。然而，也正是因為我們不記得這點，我們才得以展開在人世的歷險。

我希望你能夠開始憶起這點。

你眼前面臨的是一項艱鉅的任務。整體來說，在你投生的這個時代，世人的靈魂仍算年輕，大約相當於十七、八歲的青少年，還正在學習何謂「責任」與「後果」。你只要觀察人們的集體行為就很容易看出來。

顯然地，我們現在是在一個不穩定的局勢，正面

臨形塑人類命運的關鍵時刻。不論是個人或群體所做的決定，都對整個世界的影響愈來愈大，而我們未來的命運完全取決於我們的決定。當然，我們在出生之際就已經知道我們將面臨什麼局面，知道這個世界將要從黑暗走向光明，從迷惑與恐懼走向愛與真理，也知道我們所處的這個時代將是人類物種靈性開始覺醒的年代。你在出生時必然也很清楚：由於人類具有自我修正、努力成長與發展的傾向，因此在這一世我們仍然很有可能目睹人類在各領域的驚人進展。

我希望告訴你這些能使你感到踏實與安心。無論如何，現在最重要的並非你過去是誰或前世做了什麼，而是你在這一世的選擇。你要面對今天的恐懼，活出今天的夢想，創造新的故事；你要了解自己。

我在這章所分享的心得希望能夠解答你心中或許還有的一些疑問，幫助你朝著上述目標邁進。這些心得和結論，就跟前幾章一樣，都是我根據經驗、邏輯和直覺所歸納出來的。我往往發現，只要我不放棄追問（尤其是那些讓我感到焦慮不安或敬畏的問題），答案遲早都會浮現。同樣的，我在這章提到的各種想

法並非我所獨有。你只要有興趣探索，也會得出相同的結論。但為了助你一臂之力，讓你可以「站在我的肩膀上」觀看，甚或窺見我還無法看到的領域，我還是帶著謙卑的心寫下了這些。

• • •

良善而全能的上帝啊！

當你的心與頭腦衝突時，
永遠要跟隨你的心。
因為頭腦要跟上你的心靈，
要比你的心靈配合頭腦來得容易。

要改變世界，
第一步就是愛上它**原本的**樣子。
要改變自己時，也是如此。

有時候，當你看不清楚，
正是你**不**需要看得太清楚的時候。

靈魂愈**老**，目光就愈柔和，
笑容愈早浮現，也會愈快說：
「我愛你。」

在走路時，他們也往往會和身邊的人牽著手。

當你沉思宇宙的浩瀚時，
請記得：你的**內在世界**遠比外在更加遼闊。

如果你看到有人對挫敗無動於衷，
對樹木非常友善，
你通常就可以知道他們是老靈魂。

年輕的靈魂透過痛苦學習事物的本質。
成熟的靈魂透過痛苦學會改變事物。
老靈魂透過痛苦學會改變自己。

莫名的尷尬、突如其來的害羞、
擔心自己不夠好、偶爾會臉紅，
這些都不過是一些徵兆，

顯示一個巨人還沒有適應自己的**偉大**。

永遠要聆聽你心中的疑慮。

不只是因為它們可能讓你了解你的恐懼，
也是因為它們有時能讓你了解你的**智慧**。

那些聲稱：「我不知道該怎麼做。」的人
通常都知道該**做什麼**。

失望但**不生氣**，是老靈魂的特徵。
不會失望，是很老的靈魂的特徵。

信任生命，看重自己邁出的每個步伐，
重視過程多於結果，
這是**永恆青春**的標記。

有效率的工作和努力完成更多事，
並不在人生**真正**重要的事項裡。

總有一天（如果你還不是這樣），
你會認為你最在意的事情莫過於幫助別人成功，
並幫助他們找到你已經找到的**快樂**。

乘著生命的浪潮前行，這就是你所須做的。

十個老靈魂當中有九個都同意：
靈性成熟最棒的其中一點，
就是體會到年齡並**無意義**可言。

至於另一個老靈魂？

出去爬樹了，連絡不上。

要創造更多閒暇的最好方法
就是**享受閒暇**。

要移動一座山，
先和它（他、她）**做朋友**。

在你讀到這些話之前，
發生在你身上的每一件事都只是
讓你練習**迎接**將要到來的**好事**。

每一株繁花仍然盛開在原野，
每個孩子仍然緊抓住你的手，
每位朋友仍舊在你**心中**逗留。

時間之窗雖然關閉了，

並不表示你曾透過這扇窗看到的一切已經消失。

你無須因你的夢想而畏怯，

也無須被你的恐懼所驚嚇，

因為在這個由幻相構成的世界裡，

你是那些幻相的**創造者**，

你自然能超越它們。

當你正行駛在人生這條道路時，

很少會感受到它的美麗。

直到看了後照鏡，才意識到這一路的風光有多美妙，

除非你開到一半想起來回顧（差不多就是現在）。

年輕的靈魂留意祕密、儀式和慣例。

成熟的靈魂在意科學、數學和證據。

而老靈魂只是**向內**觀看。

為了實現心裡的目標而追求金錢，
不如**直接追求**那個目標。

太陽不會請月亮和行星幫忙照亮每一天。
太陽喜歡它自己守護光亮、帶來黎明的角色。

你，無疑就會是這樣的角色。

有些人綻放得晚。有些人很晚。
有些人則非常、非常晚。
但他們都會**綻放**。
而且時間花得愈久，綻放時**愈加燦爛**。

因為同情他人的痛苦，

沉浸在傷悲而黯淡了自己的**光**，

這對任何人都**沒有**幫助。

有時候，你要為自己安排個放鬆日，

放心大膽的賴個床，

四處閒晃，看看雨，在星期五休個假，

才能達成更棒的成就。

如果你允許自己什麼也不做，

並且**享受**這樣的空閒時光，

你的才華、創意和生產力將會呈幾何級數**成長**。

當你開始認為閒來無事做做白日夢

和創造時經歷的困境**一樣**重要，

當你開始對著花草樹木乃至汽車、烤麵包機和電腦

溫柔地說話，

發現自己在公共場所二話不說就把垃圾撿起來，

開始**感激**所面對的挑戰，包容那些技術很差的駕駛，
體會到每個工作的服務價值。

這都是顯示你正邁向開悟的徵兆。

在達到上述境界之前，
不妨把握機會**開始**這麼做吧。

在感到懷疑和迷惑時，宣稱一切都很好，
雖然面臨挑戰卻能快樂；遇到問題，一笑置之，
沒有舞伴也照樣跳舞；莫名其妙就唱起歌來，
對著沒有生命的物體說話……

這些行為都完全**沒有**問題，有時還**好得很**。

如果你經常面臨挑戰，

而且該學的幾乎都會了，
卻還是很**樂意**再來這裡一萬世，
你很可能是個老靈魂。

如果你感到無聊或不耐煩，這通常表示
你還得**再**回來人世學習。

你或許經常羨慕他人，那麼，不妨問問自己：
你是否真的想要變成他們……

你的**羨慕**已不藥而癒。

當你面對鏡子時，應該儘可能常用
「好看！」、「多漂亮呀！」、「太美了！」這些字眼。
「哇！好正！」也不錯。
而且，絕對別忘了**微笑**。

未來有很長一段時間，

人世會有一些你無法喜歡的東西，

動物試驗、戰爭、歧視、仇恨……

這些只不過是其中一些。

但要明白：唯有**活著**，你才能加以改變。

當談到攀登高山、屠殺惡龍，

這些聽來不怎麼簡單的事抑或只是得到你想要的東西時，

記得，你有一個內建的、極其機密的優勢：

你有超自然的力量！

你周遭的世界

只是**更多**的你。

這是千真萬確的事。

雖然所有事情都有可能，
但這不表示你就該去做所有的事。
況且，你又不是不會永遠活著。

你的感受是你選擇的，
但之後顯化出的東西卻可能不是。
因此，明智的選擇。

年輕的靈魂重視人們的能力，
成熟的靈魂重視人們的生產力。
年老的靈魂重視**人**。

原始的社會憑藉力量統治，強壯的人佔上風。
進步的社會憑藉法律統治，有特權的人佔上風。

開悟的社會憑藉愛的法則，每一個人都**活得很好**。

如果你向一個老靈魂道歉，你會受到尊重。

如果你向一個年輕的靈魂道歉，

事情可能會變得更複雜。

但無論如何，**還是**道歉吧！

如果你的每一道皺紋、

每一條疤痕和每一根白頭髮

都讓你變得更美，

如果你留下的每一滴眼淚、所犯的每一個錯誤

和所面臨的每一個挑戰都讓你更**靠近光明**，

如果你呼吸的每一口氣、

所說的每一句話和所走的每一條路

都會在人世的簾幕之後引發響亮的**歡呼聲**，

會是如何呢？

這些都是**真的**。

為你的生命負起**全部**的責任。

這其中也包括：不要忘了享受**樂趣**。

新手靈魂學會對別人誠實，把事情的始末交代清楚。

資深的靈魂學會對自己誠實，

並且發現「觀點」決定一切，只是「觀點」變得**很快**。

大師級的靈魂則從「動機」的角度來檢視誠實，

因為人們常在這方面說謊。

決定一個人是否誠實不一定是他說了什麼，

而是**為何**要說。

譬如，如果某人跟你說今天天氣很好，

目的是為了讓你分心，

以免你注意到他把你的車門碰凹了，

那他就**不**算誠實。

非到直到**必要**時,才做決定。

付出的人必然會有收穫。
關心別人的人將會得到關懷。
而那些去**愛**的人⋯⋯

老得較慢,跑得較快,跳得較高,
獨處時,就像和朋友在一起一樣快樂,
他們更常爬樹,可以用走的卻蹦蹦跳跳,
可以說話卻寧願親吻,
每月最後的星期五,他們放自己一天假。

那些去愛的人經驗到更快速的心想事成,
而且動物很喜歡他們。

你的**價值**不是你要去證明的事,

而是你要去**發現**的事。

永遠要把工作當成遊戲，
並且把遊戲當成**重要**的事。
這樣你很快就不會知道這兩者有何不同。

一個「永恆的生命」絕不會擔憂未來、
回首過去並懊悔從前，
也永遠沒有什麼好害怕的，
除非，他們**忘記**自己是**永恆**的。

聽到批評時，初學者輕蔑忽視，
細心的學生會思量，
大師會說：「謝謝指教！」
因為他們知道這些批評是他們吸引來的，
因此需要聆聽，
無論是否屬實。

批評的背後其實是**渴望**獲得肯定、欣賞與認可，
但這些東西沒有一樣能藉由批評獲得。

把所愛的人的死亡視為不幸，
慨嘆死得不合時或天不假年，
為逝者悲傷，或認為死亡乃**隨機**發生，
這些都無異否定了明顯且普遍存在於這個神奇的
時空叢林裡的完美與**秩序**。

偶爾，在情況許可時，
請**試著**不要太實際、太有邏輯，或太過一成不變。

你所誤解的事物往往會被你吸引。
這並不是因為你「需要」得到這個教訓，

也不是因為所有人都必須以這種方式學習。
這是因為你之前曾經害怕它、對它感到好奇或批評。

而就像所有的想法，它將會重新安排你的人生，
為你帶來更多你在**想**的事。
然後你就會逐漸看清、了解、放下，
並且最終能夠擺脫它。

人之所以追求靈性，
不應該是為了逃避物質世界，
而是為了能以**更好**的方式生活其中。

有時，
那些已經了解生命的人並不知道自己已經明白了。
有時，那些並不明白的人卻**以為**他們已經了解了。
但你永遠可以分辨這兩者，
因為了解生命會帶來**仁慈**。

有一個方法可以判定你身邊的人是否真的開悟：
看看他們是否把別人也當成**真正**開悟的人。

愛的**主要**功能不是療癒、修復或修補，
也不是安慰、治療或緩解，
甚至不是使人振作、恢復活力或重新復原。
愛的主要功能是讓人**快樂、振奮**和**喜悅**！

年輕靈魂和老靈魂之間的**區別**唯有老靈魂知道，
但他們一個字也不會說。

嬰兒靈魂最大的樂趣來自**擁有**。
年輕靈魂最大的樂趣來自**行動**。

老靈魂最大的樂趣來自**存在**──
而這通常會帶來許多的「擁有」與「行動」。

對生命的終極掌握是來自於知道自己**要什麼**，
而非如何**得到**自己想要的。

人因**活著**而富足。

一個超級罕見、奇妙、令人難以置信、
一百億年才發生一次的**事件**，
和地球時空**一天**的流逝相較起來，
只顯得極其平凡、普通和不足為奇。

一個開悟的靈魂不是看見生命真相的靈魂，
而是**召喚**了生命的真相。

稍稍提醒一下：

所有很老很老的老靈魂都有個毛病：

他們最後都變得更需要**付出**愛，而非得到愛。

每當你要和別人商議時，

不論是面對面或相隔遙遠，

也不論對象是另一個人、一個亡靈或一棵樹，

永遠對他們內在**最崇高**的部分說話。

當你不信任時，

你就會吸引那些不值得信任的人。

當你注意到你能採到別人採不到的花，

看到別人看不見的蝴蝶，

體會到只有你知道的歡笑與淚水，

實現了只有你能實現的夢想時，

你可能會開始感覺自己是個「靈性貴族」。

我們雖無法控制季節的更替和潮起潮落，

但不要認為你無法選擇你的**心思**的方向。

換言之，接受生命自然發生，

並不意味放棄自己的**力量**。

大多數人之所以如此憂慮，

是因為他們和**生命**之間沒有上演一場激情的**愛戀**。

如果你能許一個願，請許願一切就如現在這刻，

因為沒有什麼事情能**好過於**活在一個

過去並不重要，未來充滿**無限可能**，

而且你的**思想會成真**的世界裡。

要想在對的時間置身於對的地方，
祕訣在於：知道你**已經**是這樣了。

事情總是行得通。

愛是唯一。

情況愈來愈好。

你做了很棒的選擇。

沒有犯錯這回事。

你永遠不孤單。

所有的一切都會使你更**豐富**。

從你擁有的無盡選擇以及你和神性的美妙連結看來，

你可以確定：

很久以前，

當你審慎規劃了你今生在人世叢林裡的冒險，

包括你將穿越的山丘與溪谷、

將會遭遇的挫折與進步、各種好事、壞事與醜陋的事，

以及你會觸及的所有生命……

當規劃完成，你看到人生全貌的時候……

你忍不住因為它的完美，

以及你所要成為的那個人而激動不已，

並流下**喜悅**的眼淚。

品味不確定的狀態。

抓住各個可能性。

尋覓。

漫步。

探索。

提問。

面對你的恐懼。

不要催促**愛**，也不要限定**細節**。

要冒險。

親切待人。

跟著自己的**夢想**前進。

你絕對有條件成為你**覺得**被**召喚**成為的人。

你需要充分投入。

你之所以投生於現在，

固然是你的**選擇**，也是因為你**被挑選**出來。

你具有**成功**的條件，

而且你的成功將會激勵他人效法。

你是**上帝**很想成為的那個人。

我這個人

　　兩年前，在鎮上的科學中心，我們兩個都進入了那三層樓高的透明的「倉鼠人之家」。那屋子其實是給比你大一些的孩子玩的，一點兒也不適合成人。但就像前幾次造訪這裡時一樣，由於你熱衷探險，於是我們兩個後來又都進去了。接著，就像平常那樣，我弓著背擠進了那個有著弧形天花板的走道，並爬上了那螺旋狀的樓梯。除了我之外，幾乎沒有其他家長在裡面。

　　每次我的速度慢下來時，你就會一再呼喊著我，要我跟上，一邊還把手胡亂往後伸，想要碰觸我的手，口裡還不斷喊著：「爹地！爹地！來吧！爹地！」那樣子真是可愛極了。你一點都沒有因為我在你身邊而感到羞愧或尷尬，反而認為我很酷，因為我讓還沒到那樣的年紀的你進行這樣的探險。聽到你呼喚我的

聲音，我總是不由自主的加快腳步，心裡滿滿的，讓我忘卻了身體上的疼痛。

大約一個小時之後，我的膝蓋、背脊和脖子都很酸了，於是我若無其事的讓我們之間的距離逐漸拉大，而你也不發一語，故意視而不見（至少我是這麼想的）。

不久，我便走到了外面，往裡頭看。雖然你已經身在高處，讓我摟不著了，但我還是盡可能地在下方跟著你的腳步。我看得出來，你已經愈來愈擅於在裡面移動，並不太需要我了。同樣的，儘管最初幾次我進去裡面，當個寵愛女兒也受到女兒喜愛的父親，感覺還挺好玩的，但一個小時下來，我已經差不多了。為了不讓你或我感到不舒服，我們或許沒有必要一起在裡面玩那麼久，但我們兩人確實都很喜歡多花點時間在一起才會如此。看到你仍然不時叫喚著我，彷彿很需要我，我滿心的幸福與甜蜜。

但不知怎地，我心中突然隱隱出現一種想法，而且它很快竄起，成了一頭噬人的野獸，不一會兒就把我的五臟六腑給掏空。事情發生在你獨自從二樓爬上

三樓並已設法繞過一處障礙的時候（雖然這兩者之間沒有任何關聯）。那時，我突然意識到，你已經愈來愈獨立了，而現在不正像是將來你長大後要離家的情景？我明白，父女關係是一種功能性的關係。身為你的父親，能與你分享人生、引導你、幫助你，是一個讓人很有成就感而且充滿喜悅的工作，而這個工作的目的就是為了讓你有一天有能力飛離家園，展開屬於自己的生活。屆時，你從看似獨立到真正獨立也會有一段過渡期，好讓我們彼此都能逐漸適應。之後，你便會一步步展開你在外面那個世界的探險，有一天或許還會有自己的孩子。到時，你的生活將不再圍繞著我和你的母親打轉。到時，或許只有在難得的假日家庭聚會中，我們才能參與你的生活。到時，我將對著親友們一遍遍訴說著同樣的故事，一次又一次讓他們看著同樣的照片。我的心將沈湎於過往，在腦海中重溯著這一生中最令我沈醉的那些回憶，但這些事情你或許都已不復記憶。

想著想著，我心中突然升起一股超前的懷念。此刻，你雖然只有三歲，而且就置身於這座樹脂玻璃迷宮裡，但在我心中，你彷彿已經離開。一時之間，我

的心好似被狠狠地擰了一下，一股悲傷襲來，眼裡湧出的淚水模糊了視線，讓我看不清你人在哪裡，我開始哽咽。我心想：「我到底做了什麼？我難道瘋了嗎？怎麼可以因為有一點累就讓我的孩子在『倉鼠人之家』爬得那麼高？你真的可以嗎？你準備好要獨立生活了嗎？我是不是發神經了，幹嘛要急著讓你離開呢？我剛才真的有那麼不舒服嗎？難道就不能夠再多幫你做點什麼？難道就不能多陪陪你，多爭取一些機會和你在一起？很可能在一轉眼間，你就不會想讓你的『爹地』拖慢你的腳步了！」

就在我幾乎要啜泣時，突然看到你站在那兒，一副猶疑不決的模樣。你在隧道中間停了下來，轉過身子，接著又轉過去⋯⋯然後，謝天謝地，我聽到你在喊：「爹地⋯⋯？爹地⋯⋯？你在哪裡？」我立刻咧開嘴、把眉毛高高地往上揚，露出了一個誇張的、喜不自勝的笑容，回應道：「我在這裡！」這是真的嗎？還是我在做夢呢？這時，我的視線逐漸變得清晰起來⋯⋯我看到你從上面往下看，尋找我的身影，似乎很驚訝我居然離開了我的崗位⋯⋯「爹地，你為什麼要離開我？」你看起來是如此急切的要找我，就像我

剛才對你的感受一般。「爹地，我需要你！」我的心簡直要融化了。

我用比奧林匹克田徑明星更快的速度，弓起身子，縮成我原來的身高（將近六呎三吋）的一半，鑽進了那座「倉鼠人之家」，沿著隧道在裡面繞了一圈，然後快速繞了幾個彎，登上了那座螺旋形樓梯，跳過那個塑膠泡泡坑，在你還來不及再喊一聲「爹地」之前就給了你一個熊抱，讓你安心。多麼甜蜜的救贖啊！

當時，我到底怎麼了？

關於這點，我到現在還不清楚。但因為這件事，我再次想到我是多麼愛你……又是多麼享受你的愛，而且我突然再次感受到：我生命中其他一切之所以會發生，似乎都是為了成就這一刻。這並不意味著其中有任何一部分（包括我對你母親的愛）沒有那麼重要，就是因為有了那些部分，這一刻才有可能發生。這一點突然讓你出生前的一切都變得同樣美好而有意義。你的存在讓我明白我不僅深愛著你，也愛著我生命裡那些讓我們得以相遇的一切人、事、時、地。我

們是一體的。他們就是我們，我們也是他們。一切都是神，而神就是愛。生命最大的一個謎團至此終於解開。

如今看來，這個世界顯然就是一個巨大的「倉鼠人之家」，我們生活在其中，哪兒也去不了，只能待在裡面。人類所發明的各種科技之所以重要，主要並不在於它們能做到什麼，而在於它們建立了一個架構，讓我們得以用來創造、互動並且彼此陪伴。無論我們每天是以「摩登原始人」還是「傑森一家」（The Jetsons）的空中飛車方式通勤都不重要。重要的是，在我們的生命中有人讓我們可以去愛，去向他們學習，並且和他們一起玩樂、一起成長。

我們是彼此的鏡子、共鳴板和愛的開關。我們之間的種種互動與情感讓我們的生命更豐富，讓我們的旅程充實且有意義，也讓我們有了參考的依據。是的，我們之間的強烈情感！原來，我過去錯了。功績、成就、金錢、服務、奉獻和創新，這些跟構成我們人生的情感和情節實在無法相比。

我們的心因為相信這個世間的幻相而隨之起舞，

我們的理智被束縛，生命因此浪漫。我們誤以為時間、空間和物質是真實的存在，最後才發現只有感受/情感可以永存，就像我因為誤以為自己可能會失去你，才分外珍惜當下，因為誤信你是「我的」女兒，使我更珍愛和看重自己（其它方式可能無法令我如此）。這些虛妄的信念就如同拐杖一般，給了我們暫時性的支撐，但終有一天我們不用靠它也能走路。你讓我明白了這點。

欣賞著你的美好，我開始思索：除了你的健康，最令我讚嘆的莫過於你那散發著神性光輝、獨一無二的本質。這樣的本質顯然也存在於每個小女孩、小男孩以及大人身上。也就是說，這神性的本質必然存在於所有人身上，光彩奪目。無論他們是誰、在哪裡、什麼時候、做了什麼，他們仍然是上帝的一部分，為上帝所造，具有純粹的神性。是的，單是我們「存在」這件事就足以證明我們的神性。我們的輝煌宏偉並不是因為我們做了什麼、有了什麼成就或擁有什麼。我們的呼吸就已是證明。

然後……在我最意想不到的時刻，我從最初的否

定到勉強……到最後的……好吧……我在自己身上看到了。我發現我也是這樣一個百分之百的奇蹟。多年來我一直在書寫和教導這點，但如今是因著我對你的愛，我才真正感受到自己的神性。

至今，這樣的概念仍然在我心中持續擴展。因著我對你的這份永不凋萎、永不褪色的愛，我意識到我的父母必然也是這般的愛著我，無論從前抑或現在，而上帝又何嘗不是如此。除此之外，我也意識到：就像我對你的愛一般，他們之所以愛我，並不是因為我做了什麼或不做什麼，也不是因為我是誰或成了什麼樣的人，甚至不是因為我對誰有多少貢獻，而是因為我體現了生命最大的奧祕。因此，我終於發現：

我已經是……你心目中的那個人了。

事實上，我不可能不成為你心目中的那個人，就像你不可能不是那個經常讓我敬畏的完美小人兒。這是我們真正的本質。這是所有人真正的本質，沒有一個人例外。我們每一個人都是上帝的珍貴火花，但我們得靠自己（或我們的孩子）來發現這個事實。

親愛的寶貝，希望你也能悟出這點。萬一有一天，你感覺自己不值得被愛，千萬要記住這一點。你已遠遠超越你所夢想成為的人。你百分之百的被愛，只因為你是你，如此而已。

毫無疑問地，此時此刻，當你用你那晶亮的雙眸閱讀著這些字句時，你正活在這翡翠般的星球上，活在這個完美無瑕的世界裡，有著心跳與血流，還有天使在上方凝視著你。在這樣的時刻，我想，你、我和每一個人（無論他們會不會讀到這些話），都是世上「最最幸運的」人。

我會永遠愛你，我的小太陽！

宇宙花園 26

地球時空歷險指南——給光的孩子：活出超快樂人生的另類想法
A BEGINNER'S GUIDE TO THE UNIVERSE: uncommon ideas for living an unusually happy life

作者：麥克・杜利 (Mike Dooley)

譯者：蕭寶森

出版：宇宙花園有限公司

通訊地址：北市安和路 1 段 11 號 4 樓

e-mail：service@cosmicgarden.com.tw

編輯：張志華　內頁版型：黃雅藍

印刷：鴻霖印刷傳媒股份有限公司

總經銷：聯合發行股份有限公司 電話：(02)2917-8022

初版：2021 年 1 月　　定價：NT$ 340 元

ISBN：978-986-97340-5-9

國家圖書館出版品預行編目（CIP）資料

地球時空歷險指南——給光的孩子：活出超快樂人生的另類想法
麥克・杜利（Mike Dooley）作；蕭寶森 譯 . -- 初版 . -- 臺北市：
宇宙花園，2021.1　面；　公分 . --（宇宙花園；26）
譯自：A BEGINNER'S GUIDE TO THE UNIVERSE—
uncommon ideas for living an unusually happy life
ISBN 978-986-97340-5-9（平裝）
1. 人生哲學　2. 生活指導
191.9　　　　　　　　　　　　　　109021583